COLLECTION DE TEXTES

POUR SERVIR A L'ÉTUDE ET A L'ENSEIGNEMENT DE L'HISTOIRE

DE

RECUPERATIONE TERRE SANCTE

TRAITÉ DE POLITIQUE GÉNÉRALE

PAR

Pierre DUBOIS

Avocat des causes ecclésiastiques au bailliage de Coutances
sous Philippe le Bel

PUBLIÉ D'APRÈS LE MANUSCRIT DU VATICAN

PAR

CH.-V. LANGLOIS

Chargé de cours à la Faculté des Lettres de Paris.

PARIS
ALPHONSE PICARD, ÉDITEUR
Libraire des Archives nationales et de la Société de l'École des Chartes
82, RUE BONAPARTE, 82

DE
RECUPERATIONE TERRE SANCTE

CHARTRES. — IMPRIMERIE DURAND, RUE FULBERT.

COLLECTION DE TEXTES

POUR SERVIR A L'ÉTUDE ET A L'ENSEIGNEMENT DE L'HISTOIRE

DE
RECUPERATIONE TERRE SANCTE
TRAITÉ DE POLITIQUE GÉNÉRALE

PAR

Pierre DUBOIS

Avocat des causes ecclésiastiques au bailliage de Coutances
sous Philippe le Bel

PUBLIÉ D'APRÈS LE MANUSCRIT DU VATICAN

PAR

Ch.-V. LANGLOIS

Chargé de cours à la Faculté des Lettres de Paris.

PARIS
ALPHONSE PICARD, ÉDITEUR
Libraire des Archives nationales et de la Société de l'École des Chartes
82, Rue Bonaparte, 82
—
1891

INTRODUCTION

L'histoire de la découverte de Pierre Dubois et de ses œuvres mérite d'être brièvement racontée.

L'un des nombreux pamphlets rédigés pendant la lutte de Philippe le Bel et de Boniface VIII est précédé, dans un manuscrit célèbre, soustrait de bonne heure du Trésor des Chartes[1], d'une rubrique ainsi conçue : *Deliberatio magistri Petri de Bosco, advocati regalium causarum baillivie Constantiensis et procuratoris universitatis ejusdem loci, super agendis ab excellentissimo principe et domino, domino Philippo, Dei gratia Francorum rege, contra epistolam pape romani inter cetera continentem hec verba :* Scire te volumus.

Cette rubrique fut relevée par le savant Jean du Tillet, et c'est grâce à la mention qu'il en fit dans son *Recueil des rois de France* que le nom de Pierre Dubois figura dans le *Dialogue des avocats* d'Antoine Loisel : « M. Pierre du Bois, advocat et bien habile homme, qui donna conseil et avis contre la bulle... » La rubrique et le texte même de la *Deliberatio* furent imprimés pour la première fois par Dupuy, en 1655, parmi les preuves de son *Histoire du Différend*[2].

---

1. Aujourd'hui à la Bibl. nat. lat. n° 10919 (ancien registre XXIX du Trésor des Chartes).
2. P. 44 et suiv.

L'auteur de la *Deliberatio* resta encore obscur pendant près de deux siècles après la publication de Dupuy. C'est en 1847 seulement que l'attention fut ramenée sur ce personnage par un mémoire de M. N. de Wailly[1] qui, grâce à d'ingénieux rapprochements, accrut d'un certain nombre d'opuscules jusque-là inédits ou anonymes le bagage de notre personnage, dont il esquissa en même temps la biographie. Depuis lors, Dubois est devenu presque célèbre : il a eu la bonne fortune de piquer le zèle de M. E. Boutaric[2] et la curiosité de M. E. Renan[3] qui lui ont consacré (de 1862 à 1873) des pages riches de renseignements, éloquentes et fines. De pièces et de morceaux successivement rajustés, la figure du conseiller de Philippe le Bel a été ainsi restaurée. Elle a été jugée digne d'être présentée au « grand public » par la *Revue contemporaine* et par la *Revue des Deux Mondes*. Elle a passé de là dans les manuels classiques ; et nos écoliers connaissent aussi bien le nom de Pierre Dubois que celui de Guillaume de Nogaret ou d'Enguerran de Marigni. Il semble que tout ait été dit maintenant sur le compte de cet « habile homme », pour employer l'expression de Loisel, et que sa notoriété touche à la gloire.

*
* *

La biographie de Pierre Dubois se tire presque exclusivement de ses œuvres[4].

---

1. *Mémoires de l'Académie des Inscriptions*, XVIII, 2ᵉ partie, p. 435 et suiv. — *Bibliothèque de l'Ecole des Chartes*, 2ᵃ série, III, p. 273 et suiv.
2. *Notices et extraits des manuscrits*, XX, 2ᵉ partie, p. 166 et suiv. — *Comptes rendus de l'Académie des Inscriptions*, VIII (1864), p. 84 et suiv.
3. *Histoire littéraire de la France*, XXVI, p. 491 et suiv.
4. Nous combinons dans cette biographie les traits déjà relevés par

Il était probablement originaire des environs de Coutances, en Normandie. Il étudia en l'Université de Paris où il entendit Thomas d'Aquin (mort en 1274) prononcer un sermon[1] et Siger de Brabant commenter la *Politique* d'Aristote[2]. La date de sa naissance peut donc être placée par conjecture entre 1250 et 1260. Son esprit était déjà mûr en 1285, car il nous apprend, dans un passage qui a échappé jusqu'ici aux historiens[3], que c'est pendant l'expédition dirigée en 1285 par Philippe III contre l'Aragon qu'il commença à méditer les idées maîtresses de sa vie[4]. En 1300, il exerçait à Coutances la profession d'avocat, d'avocat royal, *expertus advocatus regalis*[5]; et il occupait depuis longtemps ses loisirs à caresser

---

MM. de Wailly, Boutaric et Renan, avec ceux que nos recherches personnelles nous ont permis d'y ajouter.

1. Ci-dessous § 63, p. 53.
2. Ibid. § 132, p. 121.
3. Ce passage se trouve dans le mémoire que nous appelons le *De abreviatione*, lequel a été, non pas publié, mais analysé en français par M. de Wailly dans sa dissertation citée ; « si complètement et si exactement analysé, dit M. Boutaric, que la lecture du texte lui-même ne fournit aucune lumière nouvelle ». Cette assertion de M. Boutaric est erronée. L'analyse de M. de Wailly, si bonne qu'elle soit, ne dispense point de la lecture du texte lui-même.
4. *De abreviatione*, fol. 3 v°: « In legibus enim antiquissimis Grecorum scriptum fuit per Philosophum, magistrum et doctorem regis Alexandri, quod princeps quicumque qui dominatur propter se dici non debet princeps, set tirannus. Non debet ergo rex querere que sua sunt proprie commoda, set que reipublice expediunt. Alioquin non regere, set tirannizare dicetur. Ad animandum vero regiam majestatem pro hujusmodi conquestu non dimittendo, et ad ipsum amplectendum, ut longe majores cum recta intencione subditos non gravandi valeat obtinere, scriptor hujus operis ipsum aggressus fuit, premissis consideratis, et que considerare cepit a reditu Aragonie, modo procedendi ibidem perquisito, non sine gravi cordis dolore, propter ardentem affectionem et dilectionem quam erga inclite recordationis principem vestrum nobilissimum genitorem habebat, divina gracia misericorditer inspirante, que non habenti prudentiam tribuat consummandi, et regie majestati, sumpta ex hoc opere occasione plenius deliberandi, fortitudinem cum perseverancia tribuat exequendi ».
5. *De abrev.*, fol. 14 : « In hoc diu cogitavit expertus advocatus regalis qui hoc opus scripsit per experimenta plurima veniens ad viam infrascriptam... ».

de vastes projets de réforme ; il était lié avec Henri de Ric, vicomte de Caen, qu'il indique comme pouvant fournir aussi bien que lui-même certains renseignements à la couronne [1]. Il écrivit dans les derniers mois de cette année-là le premier de ses ouvrages qui nous soit parvenu, probablement le premier qu'il ait composé : un traité, divisé en deux parties et dédié à Philippe le Bel, sur les moyens d'abréger les guerres et les procès [2]. C'est ce traité, encore inédit, que nous désignons sous le titre de *De abreviatione* dans les notes du présent volume, où nous en publions pour la première fois d'importants fragments.

Dubois attachait beaucoup de prix à ce travail, fruit des veilles et des réflexions de quinze années ; il l' « aimait » [3]. On ignore le sort que lui réserva Philippe le Bel ; il ne nous est parvenu que dans une mauvaise copie du XVe siècle [4]. Mais l'ambition de l'auteur était éveillée : que ses conseils eussent été goûtés ou non par le roi et son entourage, il brûlait de se mêler aux grandes affaires politiques. Dès 1302, la querelle de Philippe et de Boniface VIII vint lui fournir une occasion excellente d'épancher sa verve de publiciste et de pamphlétaire. Le « samedi qui précéda le dimanche de la publication de l'iniquité papale » (c'est-à-dire,

---

[1]. *Ibid.*, fol. 20 v° : « Respondeo hoc in Normannia fieri posse et dari tenorem articulorum in quibus regalis jurisdictio communiter impeditur, usurpatur et prejudicia sustinet, videlicet per magistrum Henricum de Rie, vicecomitem de Cadomo, et per actorem hujusmodi opusculi ».

[2]. C'est l'opuscule analysé par de Wailly, qui en a parfaitement déterminé la date. Il est intitulé dans le ms. unique *Summaria brevis et compendiosa doctrina felicis expeditionis et abreviationis guerrarum ac litium regni Francorum*.

[3]. Ci-dessous, p. 80, note 1. « Auctor qui opus suum diligit ».

[4]. Bibl. nat. lat. 6222 C. Nous renvoyons aux folios de ce ms. quand nous citons le *De abreviatione*.

suivant l'opinion commune, la publication de la bulle *Ausculta, fili,* en janvier 1302), Dubois remit, à Paris, à son ami Richard Leneveu, normand, archidiacre d'Auge en l'église de Lisieux, personnage très avancé dans la faveur royale, des *Raciones inconvincibiles* dont il nous a conservé une brève analyse[1]. Philippe ayant convoqué le 15 février 1302 les députés des États de son royaume, Dubois fut élu pour Coutances ; c'est alors qu'il rédigea (vers avril 1302) en réponse à la fausse bulle *Scire te volumus,* cette *Deliberatio,* le seul de ses ouvrages dont il se soit avoué hautement l'auteur, et qui, transcrit sur un registre du Trésor des Chartes, a été le point de départ de sa réputation posthume ; il était à cette date, comme nous l'avons vu (p. v), *advocatus regalium causarum baillivie Constantiensis et procurator universitatis ejusdem loci.*

On attribue à notre auteur deux autres pamphlets suscités, pendant la même année 1302, par la polémique déchaînée entre Philippe et Boniface. L'un, intitulé : *Supplication du peuple de France au roi contre Boniface*[2] est certainement de lui, et comme, si ce n'est pas une traduction contemporaine, il est l'un des deux seuls specimens connus du style de Dubois en langue vulgaire, il mériterait les honneurs d'une édition critique. L'autre, intitulé *Questio de potestate pape*[3], n'est point marqué, quoi qu'on en ait dit, de la griffe si reconnaissable du publiciste normand, et, contrairement à

---

1. Ci-dessous, p. 100, § 111 et la note 3.
2. Dupuy, *Histoire du Différend*, preuves, p. 215, d'après le ms. lat. 10919, fol. 114 r° à 118 v°.
3. *Ibid.*, pp. 663-683.

de hautes autorités¹, nous n'hésitons pas à le rejeter de la liste de ses écrits².

Les trois opuscules de l'année 1302, œuvres de circonstance, projectiles de combat, furent suivis de mémoires d'un caractère plus dogmatique et plus général, dans le goût du *De abreviatione*, l'œuvre de début, dont ils ne furent, sur certains points, que des rééditions remaniées. — En janvier 1304, Jean de la Forêt, l'un des conseillers familiers du roi, pendant un séjour de la cour à Toulouse, fut prié par Dubois de présenter à Philippe un traité de politique qui semble aujourd'hui perdu³. Entre le 5 juin 1305, date de l'avènement de Clément V, et le 7 juillet 1307, date de la mort d'Edouard Ier, roi d'Angleterre, Dubois écrivit le *De recuperatione Terre Sancte,* son chef-d'œuvre, que nous publions plus loin. Dans le *De recuperatione*, il se dit, s'adressant au roi d'Angleterre, *minimus causarum ecclesiasticarum vestri ducatus Aquitanie patronus*⁴ ; et il se déclare prêt à abandonner, pour se consacrer tout entier à la politique, les grands profits qu'il tirait de ses fonctions (on sait qu'en effet il était riche⁵) : *dimisso magno questu publici advocationis officii causarum illustrissimorum dominorum regum Francorum et Anglorum*⁶. Que faut-il entendre par là ? Faut-il croire qu'il était entré au service du roi d'Angleterre, tout en res-

---

1. Voyez les raisons données dans l'*Histoire littéraire*, XXVI, 499. Elles sont loin d'être convaincantes.
2. Il faut rayer également de cette liste une curieuse pièce que M. Renan est seul (*Hist. littér.*, XXVI, 493) à attribuer à Dubois. M. Boutaric, qui l'a publiée le premier, l'attribue avec plus de raison à Nogaret.
3. Ci-dessous, p. 107, note 1.
4. Ci-dessous, p. 1.
5. Ib., p. 123.
6. Ib., p. 81, § 100.

tant au service du roi de France, dans la charge nouvellement créée d'avocat du roi pour les affaires ecclésiastiques ? On ne s'explique point comment ce cumul aurait été possible, et les belles archives des domaines gascons d'Edouard Ier, aujourd'hui conservées au Public Record Office, n'offrent (nous nous en sommes assuré par une enquête minutieuse) aucune trace de la présence de Dubois en Aquitaine en qualité de fonctionnaire ducal. Il est très probable que Dubois avait été seulement chargé de soutenir les intérêts d'Edouard Ier dans quelques procès, notamment en matière ecclésiastique, comme spécialiste en cette matière. Tel fut le rôle de Guillaume du Breuil vers le même temps et de bien d'autres avocats (*patroni*) réputés de la cour de France, qui plaidaient tour à tour pour les particuliers, pour le roi d'Angleterre comme duc d'Aquitaine, et pour le roi de France[1]. La qualité d'avocat du roi, pensionné par la couronne, n'empêchait nullement alors d'occuper pour le compte d'autrui[2].

Aussi bien, dès 1307, nous retrouvons Pierre Dubois en Normandie[3]. Par des lettres du mois de mai 1307, le roi, à la requête de Me Pierre Dubois, son avocat dans le bailliage de Coutances, accorde au chapitre de cette ville l'amortissement d'une rente de 7 livres 15 sous tournois[4].

---

1. *Bibliothèque de l'École des Chartes*, 1889, p. 66.
2. F. Aubert, *Le Parlement de Paris de Philippe le Bel à Charles VII*, Paris, 1886, in-8°, p. 220.
3. Nous hésitons fort à reconnaître avec l'*Histoire littéraire* (XXVI, 431) Pierre Dubois dans le *Petrus de Bosco* qui, dans les tablettes de cire contenant les comptes de la Cour, figure à la date du 13 février 1307 en qualité de fourrier de la maison royale, durant un voyage en Normandie (*Historiens de France*, XXII, 545). Il faut lire sans doute *Perrotus de Bosco* (cf. *ib.*, p. 507).
4. Arch. nat., JJ 38, n° 228.

La campagne contre l'ordre du Temple, les Etats généraux rassemblés à Tours le 4 mai réveillèrent en 1308 l'activité de Dubois. Coutances le choisit encore pour l'un de ses représentants, et, soit dit en passant, les lettres qui attestent cette élection [1] lui donnent de nouveau le titre d'avocat des causes royales ecclésiastiques au bailliage de Cotentin. Il écrivit alors coup sur coup six mémoires, ou, comme nous dirions aujourd'hui, six brochures de propagande, qui se divisent aisément en deux groupes. — En premier lieu, il dirigea contre les Templiers de courtes invectives, destinées à la plus large publicité, analogues à celles qu'il avait dirigées en 1302 contre Boniface ; on en possède trois, qui ont été publiées par M. Boutaric dans les *Notices et extraits des manuscrits* (XX, 2ᵉ partie, p. 175-181)[2]. — En second lieu, il rédigea une nouvelle édition du *De recuperatione*, et, pendant un séjour de la cour à Chinon, après la tenue des États, la fit présenter au roi « le jour de l'Ascension » (23 mai 1308)[3]; ce document est perdu, mais les allusions que l'auteur y a multipliées dans deux de ses ouvrages postérieurs ne laissent aucun doute sur la nature de son contenu[4]; de même que la première partie

---

1. *Ibid.*, J. 415, n° 86.
2. La pièce publiée par M. Boutaric sous le n° XXVII est en français.
3. Ci-dessous, *Appendice*, § 2.
4. En voici le résumé, d'après les allusions répandues, tant dans l'opuscule réimprimé ici en appendice que dans celui que M. Boutaric a publié sous le n° XXX (*Notices et extraits*, XX, 2ᵉ p., p. 186) : — Le mémoire remis à Chinon traitait de la réunion d'un concile général « propter quod provideantur omnia necessaria ad recuperationem, conservationem et felicem gubernationem Terre Sancte »; de l'établissement de la paix perpétuelle entre tous les princes latins : « Dominus rex Imperium gubernare non posset nisi, prout cavetur in epistola domino pape tradenda, quam habuit dominus rex apud Chinon sibi traditam, pax inter omnes principes latinos tam fortiter firmaretur quod ipsi ad bella non currerent, immo aliter secundum jura justiciam

du *De recuperatione* est adressée au roi d'Angleterre, le mémoire remis à Chinon était adressé au pape : *epistola domino pape tradenda, domino regi tradita apud Chinon*[1]. En outre, Dubois tira de ce grand travail deux monographies sur des points spéciaux : la mort de l'empereur Albert Ier d'Autriche, arrivée le 1er mai 1308, l'amena à former un corps de ses idées sur les destinées futures du Saint Empire : c'est le « Mémoire présenté à Philippe le Bel pour l'engager à se faire créer empereur par Clément V »[2], composé après le séjour à Chinon (23 mai) et avant l'élection d'Henri VII de Luxembourg (29 novembre 1308) ; d'autre part il crut nécessaire d'ajouter une sorte de post-scriptum au *De recuperatione* : c'est le « Mémoire adressé à Philippe le Bel pour l'engager à fonder un royaume en Orient en faveur de Philippe le Long, son second fils » ; il est comme le précédent de l'année 1308, et postérieur au séjour à Chinon ; nous le publions en appendice[3].

Cinq ans se passent, après cette féconde année 1308, sans qu'on entende parler de l'avocat coutançais. Gardat-il le silence ? Cela est bien peu probable, mais tout ce qu'il a pu écrire durant cet intervalle sur les questions à l'ordre du jour ne se retrouve plus. C'est d'ail-

---

sibi fieri postularent » ; de l'éducation des immigrés : « de provisione scolarium » ; de l'union de tous les ordres de Terre Sainte sous le commandement du roi de Chypre (ci-dessous, *Appendice*, p. 133 et suiv.). A l'exception de ce dernier article, tous les sujets traités dans le mémoire de Chinon l'avaient été dans le *De recuperatione*.

1. Parvint-il à son adresse ? On ne saurait, je crois, le reconnaître dans cet article d'un inventaire du trésor des papes d'Avignon (P. Fr. Ehrle, *Historia bibliothecæ romanorum pontificum*, Rome, 1890, in-4°, I, p. 263) : « Liber papireus, continens agenda in Concilio Viennensi ».
2. *Notices et extraits*, loc. cit., p. 186.
3. Il a été publié pour la première fois par Baluze, *Vitæ paparum Avenionensium*, II, col. 186-195, d'après le ms. (unique) lat. 10919, fol. 82 r° à 86.

leurs tout récemment qu'a été découvert son dernier opuscule connu : *De torneamentis et justis,* composé entre la fin du mois d'octobre 1313 et le commencement du carême de 1314, et destiné (chose curieuse) à défendre contre les excommunications de la papauté les jeux chevaleresques, proscrits au commencement du xiv⁰ siècle par tant d'ordonnances, mais très chers néanmoins aux princes de la maison royale[1].

Dubois survécut au roi qu'il avait accablé de tant de conseils et d'offres de service, si nous ne nous trompons pas en identifiant avec lui un certain « maistre Pierre du Bois » dont le nom, sur une liste des « raporteurs des enquestes » à la session de décembre 1319 du Parlement de Paris, est suivi de la mention : « bailli madame d'Artois »[2]. L'avocat normand, dans sa vieillesse, a dû entrer au service de la comtesse Mahaut, auquel se distingua du reste l'un des principaux agents de la politique secrète de Philippe le Bel : Thierri d'Hireçon. Dès Pâques 1314, la comtesse d'Artois faisait acheter à Paris pour la livrée de son conseiller « maistre Pierre du Bois » neuf aunes de drap marbré[3]. Nous suivons en Artois les traces de ce personnage jusqu'en 1321[4]. Il mourut sans doute peu après.

*   *
     *

Ce n'est pas ici le lieu de disserter, comme l'ont

---

1. Ch. V. Langlois, *Un mémoire inédit de Pierre Dubois,* dans la *Revue historique,* XLI (1889), pp. 84-91.
2. *Actes du Parlement de Paris,* II, p. 298, c. 1.
3. J. M. Richard, *Mahaut, comtesse d'Artois et de Bourgogne,* Paris, 1887, in-8°, p. 179.
4. Archives du Pas-de-Calais, A, 944, n° 1 : « Enqueste faite a Biethune l'an MCCC et XX, le mardi XXIII⁰ de fevrier par Guillaume

fait MM. Boutaric et Renan, sur l'intéressante psychologie de Pierre Dubois, telle qu'elle se révèle dans ses écrits, sur son style, ni sur l'étendue de son influence. Quelques observations, cependant, ne seront pas hors de propos.

On est tenté aujourd'hui de considérer Pierre Dubois comme le premier publiciste de son temps et de croire que, parce qu'il eut une personnalité forte, son rôle fut considérable[1]. Prenons garde de céder à une illusion très naturelle. Nous goûtons son originalité, qui tranche sur la scolastique banale de tous ceux qui ont traité au moyen âge de la politique[2]. Mais le moyen âge a fait peu de cas de l'originalité ; les rares « penseurs » qui vécurent alors restèrent obscurs ; Roger Bacon, le plus puissant d'entre eux, n'a joui de sa réputation posthume qu'après plusieurs siècles[3] ; que sait-on des membres de ce cénacle d'esprits libres et cultivés dont Bacon, si dédaigneux pour Thomas d'Aquin et pour Albert le Grand, fait d'hyperboliques éloges : de Guillaume de Shirwood, trésorier de l'église de Lincoln, de maître Nicolas, de maître Pierre « le premier savant du monde », qui avait mérité le beau surnom de « maître des expériences »[4] ? De Siger

---

d'Arras, chevalier, et Pière dou Boys, baillu d'Arras, sour Huon de Berneval ».

1. J. Delaville le Roulx, *La France en Orient au xıv^e siècle*, Paris, 1885, in-8º, p. 38 : « Quel était l'inspirateur d'une politique si élevée? Un simple avocat du roi à Coutances,... dont l'influence fut profonde sur ses contemporains et surtout sur le roi..... Souvent sa plume de polémiste était réquisitionnée pour préparer l'opinion publique. »
2. Sur la littérature politique du moyen âge, v. d'excellentes remarques dans *Revue historique*, XXV, p. 167.
3. Pierre Dubois est l'un des très rares contemporains de Roger Bacon qui ait connu et qui cite ses œuvres.
4. Roger Bacon fait un bel éloge de l'Expérience, *dominā hec scientiarum omnium et finis totius speculationis* (E. Charles, *Roger Bacon*, Paris, 1861, in-8º, p. 111 et suiv.). Dubois ne tarit pas sur la nécessité

de Brabant, le maître de Dubois, « qui syllogisa d'importunes vérités », le monde officiel ne s'occupa en son temps que pour le frapper. C'est une chose remarquable que la plupart des hommes du moyen âge dont nous disons aujourd'hui qu'ils ont eu des idées ou du talent ont été si peu considérés jadis que leurs œuvres ne nous sont parvenues que dans un très petit nombre de manuscrits, depuis l'auteur anonyme du poème sur Guillaume le Maréchal jusqu'à Joinville et à Philippe de Beaumanoir. — D'ailleurs, Philippe le Bel et son entourage faisaient peu de cas des idéologues ; le scolastique Gilles de Rome n'eut sans doute pas plus d'influence sur leur conduite que l'indépendant Pierre Dubois. Il leur fallait des hommes d'action. Les écrits de Nogaret, de Guillaume de Plaisian, qui nous sont parvenus, ont un caractère pratique ; ce sont des armes de guerre. Les autres ministres des volontés de la couronne sous Philippe le Bel n'ont pas écrit[1]. Or, Dubois n'était pas de leur race ; s'il a fabriqué des manifestes contre Boniface, des proclamations contre les Templiers et des pamphlets contre l'interdiction des tournois, ce fut sans doute pour attirer, par des complaisances, l'attention du prince sur ses œuvres préférées : le *De abreviatione*, le *De recuperatione*, qui sont en effet ses vrais titres aux yeux de la postérité, mais qui contiennent beaucoup plus de rêves chimériques,

---

de l'expérience et sur l'excellence des inductions qu'on en tire (par exemple ci-dessous, pp. 5, 64, 67, 124). Un maître du commencement du xiiie siècle, dont les œuvres sont perdues, est cité par Thomas de Cantimpré sous le nom d'*Experimentator* (*Histoire littéraire*, XXX, 371).

1. D'Enguerran de Marigni on ne connaît que des lettres missives, des lettres d'affaires. Sur Pons d'Aumelas, voyez une note qui paraîtra dans l'un des prochains cahiers de la *Bibliothèque de l'Ecole des Chartes* (1891).

d'aphorismes révolutionnaires et de remontrances qu'un véritable homme d'Etat n'aurait jugé à propos d'en exprimer.

Aussi bien, nous avons des preuves directes de la médiocre importance de la situation personnelle de Dubois. Il ne se montre jamais au courant des secrets d'Etat[1]; il s'offre sans relâche, il n'est jamais employé; il aspire avec une maladive énergie à être admis dans des conseils où il ne devait jamais figurer. Il y a en lui quelque chose de l'inventeur qui regorge d'idées grandioses, — d'idées fixes[2], — mais qui est malheureux, méconnu, atteint de la manie de la persécution[3]. Jean de la Forêt, Richard Leneveu, ses protecteurs à la cour, ne réussirent pas à le faire sortir des rangs des solliciteurs et des rédacteurs de placets.

Il importe de bien se rendre compte que ce qui constitue pour les modernes l'intérêt des œuvres de Dubois est justement ce qui a empêché les contemporains de le prendre au sérieux. Voici un écrivain des premières années du XIVe siècle qui prêche sans ambages la suppression du pouvoir temporel des papes (ci-dessous § 40), la confiscation par les couronnes des biens des églises et des couvents (§ 45, 50); qui recommande l'arbitrage international comme moyen d'assurer la paix perpétuelle entre les peuples de l'Occident, fédérés en « états-unis » sous la haute suzeraineté du roi de France (§ 3, 12, 101)[4]; qui

---

1. Ci-dessous, p. 104, note 3.
2. Ses idées fondamentales reparaissent dans tous ses mémoires. Il se répète de 1300 à 1308 avec une infatigable ténacité.
3. Ci-dessous, p. 90, note 1. A l'en croire, le Diable s'occupe activement de ruiner tous ses projets; l'enfer est ligué contre lui (pp. 42, 90).
4. Dans le *De abreviatione*, Dubois semblait appeler de ses vœux la conquête du monde par le roi de France. Dans le *De recuperatione*

s'élève contre le célibat ecclésiastique (pp. 51, 85); qui propose de remplacer les monastères de femmes par des « lycées de jeunes filles » au programme desquels la médecine sera inscrite (pp. 51, 70)[1]; qui se pose en champion de l'enseignement des langues vivantes (p. 47 et suiv.), s'intéresse à la réforme des programmes de l'enseignement primaire, secondaire et supérieur (pp. 58-68) et à la composition des livres de classe (pp. 60-63); qui, malgré sa robe, se mêle de réformer la tactique (*De abreviatione,* première partie), recommande l'adoption de l'uniforme militaire (pp. 15, 92) et fait la critique des procédés de recrutement en vigueur de son temps (§ 121 et suiv.); qui veut la codification et la simplification des lois, suggère une procédure nouvelle (pp. 74-78); qui prêche l'émigration, la colonisation des pays lointains (pp. 7, 92, etc.); voici un homme, enfin, prématurément « patriote »[2] et nourri, quoique partisan enthousiaste de la monarchie[3], de la moëlle républicaine de l'antiquité[4], qui, traînant dans la boue les chefs et les membres de l'Eglise, parle des « iniquités papales » comme un réformé, des lois comme s'il avait déjà « l'idéal juridique de la Révolution française », du bien public comme s'il en avait conçu l'idéal de justice, et de la culture intellectuelle comme un disciple de la Renaissance. Il y a de quoi surprendre. Roger Bacon lui-même n'a pas eu cet appétit de

(ci-dessous, p. 54), il qualifie de chimère le rêve de la domination universelle, et se contente d'une fédération.
1. Cf. Ch. Jourdain, *Excursions historiques et philosophiques à travers le moyen âge.* Paris, 1888, in-8°, p. 466.
2. Ci-dessous, pp. 116, 129, notes; p. 139.
3. Pierre Dubois est un monarchiste ardent; on a tort cependant de répéter que tous ses projets ont pour but suprême l'exaltation du pouvoir royal.
4. Voyez par exemple le § 132, et ci-dessus p. vii, n. 4.

réformes, cet âpre amour du progrès, cette largeur d'horizon. Mais, aux yeux des conseillers de Philippe le Bel, toutes ces hardiesses en grande partie prophétiques ne pouvaient être tenues que pour des imaginations frivoles. C'est le sort des grands utopistes d'être dédaignés de leur vivant, et de fournir à la postérité l'occasion (qu'elle adore) de réhabilitations éclatantes.

Du reste, Pierre Dubois est de son siècle, s'il le dépasse, et, par les traits qu'il avait communs avec ses contemporains, il nous choque. Bien qu'il prenne soin de rechercher le témoignage des hommes qui ont vu[1] et qu'il disserte volontiers en logicien sur la manière de raisonner correctement[2], il manque de critique ; il est affecté par des croyances astrologiques[3]; il voit l'histoire du passé à travers les récits fabuleux des gestes : « Charlemagne, qui n'eut point d'égal, est le seul prince, autant que je me le rappelle, qui se soit tenu en personne à la tête de ses armées pendant cent ans et plus dans les contrées lointaines et étrangères..... »[4]. Il n'avait pas le sentiment de la réalité, et il n'a pas été instruit par l'expérience ni par les responsabilités du pouvoir ; en dépit d'efforts méritoires, il n'a fait que bâtir, comme les scolastiques, des édifices *a priori*, fragiles, cimentés d'hypothèses naïves ou de citations empruntées aux quatre bibles des gens de son siècle et de sa profession : les Testaments, le Digeste, le Canon et Aristote.

Prenons donc les œuvres de Dubois pour ce qu'elles

1. P. 18, note 1.
2. Pp. 78-79.
3. P. 6.
4. P. 130; et passim.

sont : de nobles rêveries élaborées, au commencement du xive siècle, par un homme obscur, mais instruit, doué d'une intelligence très libre et très constructrice, animé d'un violent amour du bien et du mieux, à la fois dépourvu de préjugés et de critique. — On serait exposé à le méconnaître si l'on se fiait, en l'étudiant, aux apparences. Il ne faut pas se laisser tromper à son zèle extérieur pour la croisade ; « les projets de croisade, comme on l'a très bien dit, n'étaient sous sa plume que des occasions pour développer ses plans de réforme » nationale et internationale. Il ne faut pas se laisser tromper par ceux de ses opuscules qui furent destinés à flatter les passions de Philippe le Bel : dans ses polémiques contre Boniface et les Templiers, Dubois ne fut point « aux gages » du roi ; il se laissa entraîner par l'espoir de procurer à sa personne et à ses projets un accès plus facile auprès du maître. Il ne faut pas croire enfin que ses vastes desseins aient pesé pour quelque chose dans la balance politique de son temps.

Le style de Dubois a été apprécié en ces termes par M. Renan : « Il a du trait, de la vivacité, une spirituelle bonhomie. On n'y sent ni rhétorique, ni affectation, mais il est extrêmement incorrect, lâche et obscur. Il faut dire à sa décharge que les mss. qu'on a de ses grands traités sont très mauvais. Un défaut toutefois dont les copistes ne sauraient être responsables, c'est le désordre complet de la rédaction, les perpétuelles redites ». On souscrira très volontiers au jugement porté par l'illustre historien, sous cette réserve qu'une certaine rhétorique barbare n'est point totalement exempte du fait de notre auteur. Les terminaisons de ses phrases sont rythmées, en effet, comme celles des phrases du tribun romain Cola di Rienzo[1], conformément aux règles rigoureuses du *cursus,* qu'enseignaient au XIIIe et au XIVe siècle les *dictatores* de France et d'Italie[2].

*
* *

Beaucoup de personnes parlent aujourd'hui de Pierre Dubois, mais très peu de personnes l'ont lu. Cela tient à ce que, de ses deux œuvres capitales, l'une, le *De abreviatione,* est inédite ; l'autre, le *De recuperatione,* n'était imprimée jusqu'ici que dans le recueil assez rare et fort incommode de Bongars[3].

Pour que l'avocat de Coutances puisse être jugé désormais en connaissance de cause, nous avons résolu de donner une édition du *De recuperatione.* Tout le monde est d'accord pour placer ce traité au premier rang: « c'est, dit M. Renan, le plus important de ses ouvrages, celui où il s'est plu à rassembler toutes ses idées de politique et de réformes sociales »[4]; Dubois s'y est dépensé tout entier. D'autre part, il était jusqu'ici encore plus inaccessible, quoique imprimé, que le *De abreviatione,* analysé par N. de Wailly dans des recueils suffisamment répandus[5]. Enfin le seul ms. qui nous l'ait conservé, à l'aide duquel Bongars a établi son texte quand il était en la possession de P. Petau, et qui, en ces

---

1. *Bibliothèque de l'École des Chartes*, 1890, p. 550.
2. Voyez les règles du *cursus*, dégagées des anciens *artes dictaminis* par M. Noël Valois, dans *Bibliothèque de l'École des Chartes*, 1881, p. 102. Remarquez la fréquence, à la fin des phrases de Dubois, du *cursus velox*, dont le type est : *gáudĭă pĕrvĕnīrĕ.*
3. *Gesta Dei per Francos*, tome II, pp. 316-361.
4. *Hist. littér.*, XXVI, 479.
5. Ci-dessus, p. VI, note 1. — Le *De recuperatione* a été analysé aussi, mais plus brièvement, par M. Renan, dans l'*Histoire littéraire*, et par M. Delaville le Roulx (en partie), dans son livre cité: *La France en Orient au* XIVe *siècle*, chap. IV.

derniers temps, était considéré comme perdu, ayant été identifié par nous avec le ms. n° 1642 du fonds de la reine Christine au Vatican, l'occasion nous a paru favorable pour préparer un texte critique[1].

Le ms. 1642 de la reine Christine, en parchemin, mesure 17 centimètres sur 22 ; il est en très bon état. Le *De recuperatione* y occupe les folios 1-41. L'écriture, encombrée d'abréviations irrégulières, est du xiv° siècle.

M. G. Collon, auditeur de nos conférences de paléographie à la Sorbonne, aujourd'hui élève de l'École des Chartes, a bien voulu se charger de prendre copie du texte de Bongars sur l'exemplaire qu'en possède la bibliothèque de l'Université de Paris ; à Rome, il a scrupuleusement collationné ce texte avec celui du ms., et il a relevé un grand nombre de variantes, de lectures erronées, sans compter quelques bourdons. Nous avons revu ensemble son manuscrit, au point de vue de la ponctuation (très fautive dans Bongars), avant de le livrer à l'imprimeur[2].

La division en chapitres adoptée par Bongars n'étant pas conforme à celle qu'offre le manuscrit, nous ne l'avons pas conservée ; mais comme le *De recuperatione* a toujours été cité jusqu'ici d'après les rubriques capitulaires de Bongars, nous les avons indiquées en chiffres romains et entre crochets, pour faciliter l'identification des références. Les chiffres arabes distinguent

---

1. Nous avons fait du reste du *De recuperatione* un centre de conférence de tous les autres opuscules de Dubois. On trouvera dans les notes de cette édition du traité de 1306 les passages essentiels de tous les autres. La plus grande partie du *De abreviatione* y est imprimée pour la première fois. Le lecteur aura de la sorte sous les yeux l'œuvre presque tout entière de l'écrivain, à l'exception de ses pamphlets de pure polémique.
2. M. Collon nous a aidé en outre pour la correction des épreuves, et il a dressé la table des noms propres (ci-dessous, p. 141).

les paragraphes conformément à la coupure pratiquée par le copiste du manuscrit. Cette coupure n'est pas, du reste, plus rationnelle que celle de Bongars.

Nous avons séparé (p. 97) par un tiret les deux parties distinctes dont se compose en réalité le *De recuperatione;* ces deux parties avaient été jusqu'ici confondues, au grand détriment de la clarté.

« Il y a, dit l'*Histoire littéraire,* entre la dédicace et le contenu de cet ouvrage, une contradiction tout à fait singulière. On ne comprend pas comment un écrit destiné à exalter la couronne de France et à proposer des moyens pour attribuer au roi de France la domination universelle, a pu être dédié à Edouard Ier. Il n'y est pas une seule fois question des intérêts de la couronne d'Angleterre ». — Il suffit de remarquer, pour faire disparaître cette singularité, que les 110 premiers paragraphes seuls du *De recuperatione* sont dédiés à Edouard Ier, et que c'est seulement dans les paragraphes qui suivent que la couronne de France est exaltée outre mesure. L'ensemble du traité est envoyé à Philippe le Bel avec prière de faire parvenir la première partie au roi d'Angleterre, au pape, et sans doute à d'autres princes encore, en faisant changer les formules initiales. Cela explique par surcroît que, bien que dans les 110 premiers paragraphes Dubois prenne soin d'éviter toute phrase blessante pour l'amour-propre du roi d'Angleterre[1], il s'y montre cependant fort peu au cou-

---

[1]. On aurait tort de considérer comme des gracieusetés à l'adresse particulière du roi d'Angleterre la mention des « échiquiers » (p. 22), ou de la légende de saint Augustin de Cantorbéry (p. 40). Ce mot et cette légende se retrouvent, en effet, dans le *De abreviatione* de 1300. Sur l'Angleterre, Dubois n'était pas mieux renseigné que le commun des hommes de son temps. L'assujettissement de ce pays au Saint-Siège, depuis Jean Sans Terre, était le seul trait de la constitution

rant des choses anglaises et n'en parle guère[1]. Cette première partie étant, dans la pensée de son auteur, une circulaire générale aux puissances de la chrétienté, rien de local, de personnel ou de particulier n'y pouvait prendre place.

Ch. V. Langlois.

---

anglaise qu'il crut connaître ; il avait cependant entendu parler de la raideur avec laquelle les juges royaux d'Angleterre réprimaient les empiètements de la juridiction ecclésiastique : cf. le *De abrev.*, fol. 23 v° : « Propter longe minores excessus justiciarii domini regis Anglie archiepiscopos aliosque sui regni prelatos et eorum officiales in carcere regio detrudere consueverunt, domino papa tolerante, et ad quem regni Anglie supremum dominium dicitur pertinere, cujus signum est quod dominus rex Anglie, quando aliqui in ejusdem regis curia litigant contra ipsum, ipse, quod frequenter contigit, positus in emenda, centum marchas argenti solvere consuevit ad usum pauperum per manum elemosinarii conversandas ».

1. Cf. cependant § 29, ligne 21.

DE
RECUPERATIONE TERRE SANCTE

Illustrissimo principi militaris artis ac ejus experiencie titulis pre ceteris omnibus insignito domino Eudoardo, divina favente gracia Anglie, Scotie regi, domino Ybernie, ducique Aquitanie christianissimo, minimus suarum causarum ecclesiasticarum ducatus ejusdem patronus, ad serviendum ei, jampridem mero dilectionis naturalis regalisque virtutis ardore, nullo petito et hactenus oblato salario motus, cum summe desiderato successuum inchremento, salutem in eo per quem omnes reges veri regnant et principes dominantur.   *Adresse.*

[I] **1.** Quoniam intellexi vos ut verum regem magnanimum magnificumque, non solum cum regnare, sed etiam extunc cum primo militare cepistis, tamquam verum legislatorem[1], hactenus summam operam dedisse ad faciendum bonos omnes vestros subditos, proximos et conjunctos, non solum metu penarum, sed etiam magnorum exhortatione frequenti premiorum; demumque guerris vestris feliciter, exercituum agente Domino rege regum, a quo bona cuncta procedunt, jam peractis, loco quietis quam alii principes post tantos labores longeque minores eligere consueverunt, ad Terre Sancte recuperationem, ut de manibus infidelium eripiatur, vestrum gloriosum animum fortiter inclinasse; sic, appropinquante senectute, contra naturalem solitam homi-   *Préambule*

---

1. Edouard Ier est en effet le législateur par excellence de la dynastie des Plantagenets; cf. W. Stubbs, *The Constitutional History of England*, t. II, Oxford, 1883, p. 109.

Pierre Dubois.   1

num inclinationem, veram perfectionem fortitudinis per agressionem terribilium, in quibus mors corporis eminet et ex quibus oritur anime vita, cum ferventi desiderio magnanimiter amplectentes[1]. Idcirco ego, licet consilio minimus, de largitione misericordi prudentie Creatoris, per se de se tam boni quod omnia bona taliter sunt in eo per essenciam, quod omnia mondi entia cujuscunque conditionis existunt per solam participationem bonitatis ejus, prout ei magis assimilantur, non solum a catholicis, immo etiam ab omnibus utentibus philosophica ratione, bona secundum plus et minus fore creduntur, naturali desiderio quod secundum Philosophum frustra non debet esse motus vestro concurrens appetitui, vestre maxime bellorum experiencie ac prudencie per longam experienciam acquisite, breviter tangere, favente et operante summa Dei sapiencia, propono que ad recuperationem et conservationem Terre Sancte mihi videntur neccessaria, conferentia ac etiam oportuna.

Difficulté de l'entreprise d'outre-mer.

[II] 2. Quod nonnisi per sanctissimum patrem, amicum vestrum, divina providencia sacrosancte romane ac universalis ecclesie summum pontificem, cum assensu generalis concilii omnium catholicorum principum et prelatorum, sublatis impedimentis, ordinatis omnibus conferentibus et oportunis, posse fieri videtur : quoniam illa terra super alias omnes optima, testimonio Salvatoris, mirabiliter est populata Saracenis qui ipsam occuparunt, quoniam eis sectam tenentibus veneream, liberorum procreationi et educationi quantum plus poterant nullo excepto vacantibus, non sufficiebant multe regiones et regna dicte terre proxima versus orientem, occidentem, et meridiem ejusdem Terre

---

1. Cet éloge d'Edouard Ier est mérité; peu de princes ont eu autant que lui le souci des destinées de l'Orient latin. Voyez notre article intitulé : *Lettres inédites concernant les croisades* dans la *Bibliothèque de l'Ecole des Chartes*, 1891, p. 45. — Les rédacteurs de formules épistolaires s'exerçaient, à la fin du xiiie siècle, sur le thème que leur fournissait le zèle bien connu du roi d'Angleterre pour la délivrance de la Terre Sainte (Bibl. de l'Arsenal, ms. n° 854, fol. 215 v°).

Sancte; de quibus ob hanc causam ad instar Tartarorum exierunt; de quibus regnis cito et de facili magnum succursum et confluctum populorum habebunt, si ipsi forte mortem timentes, regibus et principibus vestris, vobis et aliis cedant, considerantes ipsos, prout alias audierunt, ad propria cito reversuros, ipsi Saraceni statim post recessum ferociores et in majori multitudine redibunt, ut interficiant superstites et dulcedine terre potiantur, instigantibus demonibus, qui etiam habitant libentius in illa terra quam alibi, ut videtur per hoc quod cum ibi curare vellet Dominus unum qui a spiritu immondo vexabatur, loquens [ad] spiritum dixit[1] : *Quod est tibi nomen ?* Qui respondit : *Legio nomen michi est, quoniam multi sumus,* dicens : *Domine, ne mittas nos in regionem longinquam, sed in porcos* quorum valde magnus grex erat juxta locum ; qui missi in porcos fecerunt eorum multitudinem furere et in mare proximum se precipitare.

Non poterit ergo terra illa nisi per multitudinem magnam occup i, nec occupata servari.

[III] Ad hoc quod tanta multitudo ducatur illuc et duret, opportebit principes catholicos concordes esse et inter se guerras non habere; quoniam si ibi existentes suas terras audirent debellari et destrui, dimissa hereditate Domini, redirent ad propriam ut eam defenderent, prout olim multociens contigit ibidem. Idcirco inter catholicos omnes, saltem ecclesie romane obedientes, pacem firmari taliter expedit quod una sit respublica, sic fortiter unita quod non dividatur : *Quia omne regnum in se divisum, desolabitur,* ut ait Salvator ; et si dividatur, expedit per hanc divisionem demum fortificari Terre Sancte tuitionem, ut infra apparebit.

La première condition du succès, c'est la paix de la chrétienté,

Vidimus enim quod Alemanni et Hyspani, licet bellatores incliti, propter solitas suorum regnorum guerras, jam pridem cessarunt et non potuerunt Terre Sancte subvenire. Guerre catholicorum inter se sunt pessime, quoniam multi moriun-

1. Marc, V, 8-13.

tur in eis in tali statu quod de talium morte perpetua verisimiliter dubitatur[1].

Et quia quanto frequentius bella committunt, tanto magis appetunt committere, hoc consuetudini magis quam emendationi deputantes, post bella et per ea pacem non querentes, nec tenentes, nec reincipere bella verentes, non advertentes quod ait Philosophus, doctor regis Alexandri : *Omne bellum in se malum et illicitum; in tantum quod qui appetit bellum propter bellum in fine malicie est.* Sed tamen cum pax alias quam per bellum haberi non potest, licet viris justis bellum appetere et facere, ut, adepta pace, post bellum possint homines pacis tempore vacare virtutibus et scienciis adquirendis; alias, nisi propter hunc finem, omne bellum est illicitum, etiam secundum juris civilis doctores.

Videmus quod mortuis patribus et avis in bello illicito, superstites nepotes ac uxores defunctorum, quicquid promittant, quam citius possunt iterum ad bellum et vindictam voluntariam se preparant : que sic contingunt dissensionis actore per suas temptationes, persuasiones et infinitas fraudes ac astucias procurante, ut numerum augeri secum faciat dampnatorum, et Terre Sancte recuperationem et conservationem impediat ac retardet[2]. Idcirco pati non vult quod uniatur virtus catholicorum, quoniam, ut ait Philosophus : *Omnis virtus unita fortior est seipsa dispersa et divisa.*

que les esprits malins travaillent à troubler. Angeli autem mali, prout Scripture etiam sacre testantur, multum sunt prudentes, etiam super noticia verisimili futurorum, quoniam ipsi sciencias et constellationes ab origine

---

1. Cf. le *De abreviatione*, fol. 2 v°.
2. Il convient de rapprocher ce développement de celui que Dubois avait déjà inséré dans le *De abreviatione*, fol. 3. Après avoir rappelé la maxime d'Aristote : *Omne bellum*, etc., il ajoutait : « Idcirco cum alias pax et tranquilitas haberi non possunt, licet viris justis et sanctis bellum eligere et committere, quod ordinatur ad pacem tanquam ad suum finem... Preterea per solitum modum bellandi, mortuis principibus vel fratribus in bello, non metuunt superstites, qui belli penas temporales et spirituales non senserunt, iterato bello committere... ad instar boum, ovium et porcorum qui propter mortem proximorum

mondi viderunt, et noverunt causas omnium rerum et effectus ex causis consequentes; memoriam habent omnium omni oblivione carentem; causas presentes dispositas ad inducendum effectus vident; idcirco, *cum nichil sit novum sub sole,* ut ait Salomon[1], memorantes qui effectus alias ex causis similibus evenerunt, judicant et divinant per hunc modum de futuris certius quam homines senes : quia, licet homines multum sint senes, multaque viderint et experti fuerint, tamen eorum sciencia et experiencia quasi nichil est respectu sciencie causarum, et experiencie tam[2] longeve spirituum, qui omnes causas ac effectus ab origine mondi noverunt; sic experencia etiam magni Karoli, qui fertur per centum viginti quinque annos regnasse, nichil esset respectu eorum. De hoc loquens Philosophus ait : *Nemo eligit juvenes duces,* videlicet bellorum, *eo quod non constat eos esse prudentes,* tertio Topicorum; cujus causam reddit sexto Ethicorum, cum ait : *Multos vidimus juvenes sapientes in sciencialibus disciplinis, non autem prudentes in agibilibus humanis, quoniam prudencia agibilium hujus mundi in nobis adquiritur per experienciam factorum.*

Experiencia vero longo indiget tempore; juvenes autem parum tempus habuerunt, pauca viderunt, pauca experti sunt; et idcirco nemo sane mentis eligit eos duces bellorum. Senes ergo et experti debent esse duces, bellorum ordinatores et preceptores; et juvenes, senibus obedientes, debent esse factores fortium operum. Si ergo senex propter longam experienciam et memoriam melius scit judicare et divinare de futuris quam juvenis, multo fortiori ratione angeli mali certius quam quicunque senes divinare possunt de futuris; et sic videtur quod possunt etiam prudentum operationes impedire suis persuasionibus, temptationibus et presertim consultationibus, quantum ad aliquos in artibus prohibitis

Digression sur l'expérience, et l'influence des astres.

mori non verentur, fugientes doctrinam Huguecionis qui ait : « Felix est quem faciunt aliena pericula doctum seu cautum ».

1. Eccl. I, 10.
2. Bongars : *causa.*

instructos, qui eos consulunt cum volunt ; de quibus sunt multi inter Saracenos, quoniam artes ille quoad illos, secundum eorum leges, sunt licite, non prohibite. Tamen hujusmodi angeli, ac etiam celum per suum motum, cum influencia corporum que sunt in ipso, licet fortiter inclinant et movent homines ad opera concupiscencie, audacie, timoris, avaricie, et alia ex quibus sequi debet bona vel mala fortuna, non tamen neccessitant nec neccessitare possunt liberum hominis arbitrium, nec judicium anime rationalis, quin resistere possit, si vult, omnibus temptationibus et inclinationibus, contemplatione sui Creatoris et virtutis[1]; et quanto temptatio fortior est ac etiam inclinatio motus et influencie celi, tanto resistens virtutis amore magis meretur et magis ob resistenciam est virtuosus, testimonio Philosophi, cum ait primo Moralium : *Bene dixit Eraclitus quod contra difficilimum semper exursit virtus, et quod propter ea que habemus a natura non debemus laudari nec vittuperari, nec remunerationem meremur.*

[IV] 3. Ad hec ergo quod Terra Sancta contra tot et tantos, tot demones habentes consultores, fautores et adjutores possit recuperari et recuperata servari, neccessarie videntur orationes devote universalis ecclesie, que non videntur haberi posse sine reformatione status universalis

---

1. Cf. *De abrev.* fol. 11 v° : « Motus celi et influencia solis et lune aliarumque stellarum humana corpora disponunt ad agendum ea que faciunt et fortiter inclinant ad eadem; non tamen neccessitant nec precise cogere possunt liberum hominum arbitrium et voluntatem, que in hominibus bene dispositis debet secundum rectam rationem gubernari considerando et per rationem conferendo, et probando, memorando et arguendo sic : ex talibus causis tales effectus pluries evenerunt et evenere consueverunt... Hujusmodi memoria preteritarum causarum et effectuum qui ex eis ab origine mundi fuerunt subsequuti, necnon cognicio causarum presencium ac solita conjecturatio futurorum effectuum quos subsequi verisimile est ex causis presentibus, est causa prescientie et probabilis divinationis demonum, et modus per quem consueverunt divinare probabiliter de futuris. » — La même doctrine est énoncée dans le *Compendium studii* de Roger Bacon (*Opera inedita*, éd. Brewer, Londres, 1859, in-8°, p. 422).

ecclesie, qui inferius tangitur; et nisi vinculo pacis unita tota respublica christicolarum ecclesie romane obedientium taliter uniatur, quod catholici cessent ab omnibus guerris inter se invicem; ita quod si aliqui contra hoc commiserint, ex illa commissione et ob eam, recuperatio et defensio Terre Sancte fortificetur, quod sic fieri poterit :

Convocato concilio, propter ardorem salutis Terre Sancte, summa regalis experiencia petere poterit per dominum papam, principes et prelatos concordari et statui taliter quod quibuscunque dicentibus se passos injurias secundum leges et consuetudines regnorum et regionum, per judices in eis statutos, et ubi statuti non sunt, infrascripto modo statuendos, fiat celerius quam solitum est usticie complementum. Nullus catholicus contra catholicos currat ad arma, nullus sanguinem baptizatum effundat; quicunque preliare volentes, contra fidei christiane inimicos, Terre Sancte sanctorumque locorum Domini, non contra fratres, occasionem corporalis et spiritualis perditionis querendo, studeat preliare.

4. Quicunque autem contra hoc salubre statutum guerram contra fratres catholicos movere presumpserint, eo ipso omnium suorum bonorum amissionem incurrant, cum omnibus auxilium eis facientibus, pugnando, victualia, arma vel alia neccessaria vite vel pugne qualitercunque ministrando; superstites eorum, post guerram finitam, cujuscunque etatis, conditionis et sexus, a terris et possessionibus perpetuo fiant exules, et totaliter cum[1] eorum quacunque posteritate privati, in Terram Sanctam populandam mittantur; de bonis a quibus erunt privati, si obediant et libenter intendant ad se transferendum in Sanctam Terram, tradatur eis competenter, pro modo impensarum ac iter peragendum quatinus erit neccessarium.

Sic ergo guerram moventes, consilium et opem eis qualitercunque scienter prestantes, cum eis communicantes, vic-

---

1. Bongars : *tunc*.

tualia quecunque, aquam, ignem et alia vite neccessaria quocunque modo ministrando, puniantur per dominum papam, non excommunicentur, non anathematizentur, propter fugiendum periculum salutis animarum, ne dampnatorum numerus augeatur ; longe melius erit eos temporaliter quam eternaliter punire.

Pena temporalis, licet sine comparatione minor eterna, plus timebitur, plus proficiet Terre Sancte ; minus nocebit omnibus proximis et conjunctis dampnatorum.

Par exemple à un duc ou à un comte qui se révolterait contre le roi de France. Tactique à suivre;

[v] 5. Quod autem de facili possint sic guerram moventes devinci et in Terram Sanctam commode transmitti, liquet ponamus dux vel comes Burgundie guerram movet contra regem Francorum, dominum suum ; rex, qui non recognoscit superiorem in terris[1], statim prohibebit quod nullus ad terras eorum deferat victualia, arma, merces, et alia quecunque bona, etiam quacunque causa sibi debita ; et per statutum concilii tam principum quam universalis ecclesie, hoc erit omnibus catholicis sub simili pena prohibitum ; rex, ut lucrifaciat sibi terram hostium cum omnibus bonis eorum, cum erunt parate messes ad colligendum vel ante, veniat cum tanta multitudine gentium suarum, et regionum circumquaque positarum, quod auferantur eis et auferri possint fructus crescentes ; qui auferri et prodesse vicinis locis non poterunt, devastentur ; qui salvari et auferri poterunt, ad munitionem fortaliciorum proximorum obedientium regi et ipsis nocentium applicentur, ut inde vivere possint sequenti tempore, caventes ne guerram moventes fugiant, ne terras proximas depredent. Non fiant in terris talium diuturne fortaliciorum obsidiones, prout fieri consuevit ; si se includant, prout est verisimile contingere, non audentes ad bellum campestre venire, calcetur per exercitum et innumerabilem

---

1. Cf. *De abrev.*, fol. 23 v° : « Papa, in suo decretali, secundo libro, de Judiciis, qui incipit : « Novit ille qui nihil ignorat », publice profitetur quod dominus rex Francorum, quantum ad suum feodum et dominium temporale nullum cognoscit superiorem in terris. »

populi multitudinem tota terra; totus exercitus cum sequentibus ipsum vivat de spoliis ipsorum ; quod asportari non poterit, vastetur, ut nichil remaneat de quo vivere possint. Si non opponant se resistendo, sed castris, muris, montibus et paludibus se operiant, non queratur mors et occasio ejus, ne anime descendant eternaliter ad inferos ; magis enim punientur per famem, que afficiet non solum viros bellicosos, sed etiam omnes et singulos a majori usque ad minimum, sic ut omnes penam sentiant[1]. Sic puniri voluit et mandavit Dominus per prophetam regem Agag, cum omnibus sub eo viventibus, usque ad mingentem ad parietem. Et quia rex Saul, de mandato Domini assumptus et unctus in regem super filios Israël, data sibi victoria a Domino, pepercit Agag regi pinguissimo et animalibus pinguibus ut ea Domino sacrificaret, privatus fuit regno ; fuitque in locum ejus subrogatus et unctus in regem David, pastor ovium patris sui ; sic fuit punitus rex Saul propter inobedienciam suam, fuitque sibi dictum per prophetam penam ei nunciantem[2] : *Melior enim est obediencia quam victima.*

6. Sic etiam punivit Deus omnipotens maximum peccatum proditionis et mortis Domini nostri Ihesu-Christi per filios Israël commissum, fame maxima ipsos afficiendo, in tantum quod matres filios parvulos affatos comedebant, ut patet per Josephum in libro *de Antiquitatibus,* in a parte in qua de destructione Jerusalem tractavit.

7. Item omnibus consilium et opem prestantibus ad

---

1. Tous ces conseils sur la tactique à suivre pour réduire des rebelles avaient déjà été donnés par Dubois, mais avec beaucoup plus d'ampleur, dans le *De abrev.* fol. 4 r⁰ et 5 v⁰ : « Homines non interficientur, nisi facientes et moventes insultum ; et insultum moventibus, nisi necessitas exigat aliud fieri, solum altera manus vel pes amputetur, ne decedentium anime ad inferos transmittantur ». Au lieu du duc ou du comte de Bourgogne, c'est le duc de Lorraine dont Dubois suppose la rebellion dans son premier ouvrage : « Ponens exempli gratia quod dux Lotharingie parere recusat regie majestati...»
2. Rois, I, xv, 22.

sic puniendum, et in Terram Sanctam mittendum taliter guerras moventes, ex nunc in concilio plena indulgencia concedatur, que per singulos successores sanctissimi romani pontificis confirmetur. Statuatur etiam quod illi qui ob hujusmodi penam in Terram Sanctam mittentur, primum semper faciant bellum contra hostes in confinio hostium[1], ut sicut murus defensionis aliorum morentur, ut bellum illicitum voluntarie, suadente Dyabolo, amplectentes, inviti bellare pre ceteris compellantur, ob perimendum simulachrorum cultores, pacis inimicos, suis fautoribus taliter obviando.

8. Hanc autem penam famis et exilii perpetui, tantum per Dei graciam verisimile est timeri, instigantibus uxoribus, parvulis liberis, ac senibus patribus et avis, nec non religiosis prelatis et aliis clericis, contra capitosos et inordinatos guerrarum motores, calore juventutis motos et deceptos, quod hujusmodi pene fine perspecto non erit qui guerram movere presumat.

[VI] 9. Si vero pax sit inter omnes catholicos, tunc de facili confluentes pugnatores ex omni parte in Terram Sanctam, eam recuperare poterunt verisimiliter et servare.

ou aux républiques italiennes qui ont fait jusqu'ici tant de mal à la cause de la Terre Sainte. 10. Igitur Januensis, Venecensis et Pysana civitates, que propter suas discordias et guerras maritimas solitas, hactenus non punitas, Terre Sancte recuperationem et conservationem impedire consueverunt, immo civitates Lombardie, Tu[s]cie et alie provincie, pacem inter se firmam habebunt, si statuatur quod sic procedatur et procedi possit per quoscunque proximos earum contra ipsas.

11. Item, et quod contra earum rebellionem principes obviare et eas punire volentes, quilibet in terris suis earum bona et debita occupare sibique retinere possit; ita quod si

---

1. Cf. ci-dessous § 21 et 108.

non prosequatur cito guerram contra ipsas, subsidio Terre Sancte hec et alia earum bona que ubicunque poterunt reperiri statim applicabuntur.

Ad parendum, quicunque possessores et debitores, sub pena amittendi omnia bona sua in idem et ad idem subsidium applicanda, compellentur per sedem apostolicam et quoscunque principes in quorum terris hec contigerit attemptari; qui principes, si super hoc negligentes fuerint, ex parte procuratoris subsidii predicti sufficienter requisiti, similiter patientur commissionem et confiscationem suorum bonorum omnium ad idem subsidium applicandorum.

[VII] 12. Sed cum iste civitates et multi principes superiores in terris non recognoscentes, qui justiciam faciant de ipsis secundum leges et consuetudines locorum, controversias movere captabunt, coram quibus procedent et litigabunt? Responderi potest quod concilium statuat arbitros religiosos aut alios eligendos, viros prudentes et expertos ac fideles, qui jurati tres judices prelatos et tres alios pro utraque parte, locupletes, et tales quod sit verisimile ipsos non posse corrumpi amore, odio, timore, concupiscencia, vel alias, qui convenientes in loco ad hoc aptiori, jurati strictissime, datis antequam conveniant articulis petitionum et defensionum singularum, summarie et de plano, rejectis primo superfluis et ineptis, testes et instrumenta recipiant, diligentissime examinent. Cujuslibet testis examinatio per duos ad minus juratos fideles et prudentes audiatur; scribantur depositiones, et per judices strictissime custodiantur, ne fraus et falsitas possint intervenire.

Projet d'arbitrage international.

Sic conveniant judices ad impensas moderatas partium solvendas, quatinus plus impendent quam essent in suis domibus verisimiliter impensuri. Ad judicandum, si expedierit, assessores habeant secundum eorum consciencias fidelissimos ac peritissimos in lege divina et canonica et civili.

Si altera pars de ipsorum sentencia non sit contenta, ipsi judices pro omni lite processus cum sentenciis mittant ad apostolicam sedem, per summum pontificem pro tempore existentem emendandas et mutandas, prout et si justum fuerit; vel si non, salubriter ad perpetuam rei memoriam confirmandas et in cronicis sancte romane ecclesie inregistrandas.

<small>Mesures à prendre dans le Saint-Empire, où le régime électif entretient l'anarchie.</small>

[VIII] **13.** Quoniam vero mutatio successionis Imperii guerrarum occasiones infinitas in Alemannia prestare consuevit, obstante solita imperatoris electione, que propter solitas discordias recuperationem et conservationem Terre Sancte impedire consuevit, paxque firma Imperii romani ad ipsam recuperationem et conservationem plurimum posset verisimiliter subsidium impertiri : propterea, pensatis bonis que fecissent et probabiliter fecisse presumuntur, viventibus qui nunc sunt hominibus, reges Alemannie, si regnum et Imperium ex successione parentum cum thesauris sibi per eos reservatis, et fortaliciis roboratis, sine discordiis habuissent, interpolatione vacationeque dominii, immo obediencie discontinuatione quacunque cessante ; consideratis etiam bonis que dicuntur olim imperatores fecisse priusquam exorta forent impedimenta moderna ; immo, ut cessare possint guerre corporum et animarum perniciose, propter cupiditates ad regnum ac Imperium aspirandi solite suboriri ; immo, ut ex regno ac Imperio prosiliant subsidia plurima recuperationis et conservationis Terre Sancte, multorumque temporalium profectuum que nobis ex ipsa provenirent jamdiu, gravia dampna consueta victando ; presertim, ne pereat amplius salus et exaltatio reipublice, regni et Imperii tam nobilium populorum, petatur Alemannie regnum ac Imperium confirmari regi moderno, sueque perpetuo post ipsum posteritati, propter victandum scandalum sopiendumque cupiditatem electorum, aliqua recompensatione[1] super

---

1. Voici, d'après le mémoire de 1308, le montant de la compensation qui paraissait convenable à l'auteur : « Dabimus cuilibet vestrum comitatum unum, vel, si non sint comitatus magni, duos qui

rebus et libertatibus Imperii sibi facta. Conveniat etiam et promittat rex modernus futurus imperator subsidium annuum Terre Sancte, quamdiu indiguerit, de magno numero pugnatorum, quos ad impensas suas mittat ad portus maris, sufficienter inductos et armatos, cum superlectilibus ad subsidium et moram propter ipsum opportunis.[1]

[IX] 14. Sed quoniam imperatori ceterisque principibus pro suis pugnatoribus transfretandis sumptuosum nimis esset naves et victualia providere, plurimum expedit hoc pro singulis pugnatoribus undecunque venientibus procurare; quod videtur commode, salva emendatione et correctione majorum, sic fieri posse: *On aura besoin de subsides considérables.*

Hospitalarii, Templarii, aliique religiosi propter Terre Sancte subsidium et presidium instituti citra mare Mediterraneum tot habent redditus, proventus, et possessiones, que jampridem parum profecerunt Terre Sancte; idcirco, quoniam eminente necessitate pluries contra se invicem divisi fuerunt et ob hoc confusi, ipsorumque religiones cum gravissimis scandalis ludibriis exposite, tales religiosos expedit et opportet, si Terre Sancte prodesse debeant, unire[2] gestu, habitu et ordine bonisque, prout sacrum concilium viderit expedire; necnon quod ipsi vivant in Terra Sancta de bonis que ibidem et in Cipro habent; et quousque bona hujusmodi, *Les biens des Hospitaliers et des Templiers, mieux aménagés, fourniront d'immenses ressources.*

---

longe magis proderunt vobis et heredibus vestris quam potestatem eligendi. Dabimus etiam cuilibet vestrum centum millia vel II^c milia librarum, seu plus vel minus, prout concordari posset pro stipendiis vestrorum militum ob viam Terre Sancte solvendis, que pecunie super decima ecclesiarum Alemannie capi possent ».

1. Ce § est commenté, non seulement par le *De abrev.*, fol. 8 r°, mais par un autre mémoire de Dubois, rédigé vers 1308 et intitulé : *Pro facto Terre Sancte* (E. Boutaric, *Documents sur Philippe le Bel*, extr. du t. XX, 2° partie, des *Notices et extraits des manuscrits*, n° XXX). Dubois y demande encore : « ut de imperatore perpetuo provideatur »; mais c'est nommément Philippe le Bel qu'il veut placer, cette fois, à la tête de l'empire héréditaire.

2. Sur l'union, projetée par Grégoire X, Nicolas IV, Boniface VIII, des ordres de Terre Sainte, v. *Histoire littéraire*, XXVII, 385 ; cf. XXVI, 524.

quatinus eis sufficient, recuperari valeant et pacifice possideri ; victualia ministrentur eis aliunde.

15. Bona que habent ubique citra mare predictum ad firmam nobilem primo trium vel quatuor annorum cum inchremento ; et demum vel ex nunc, si sufficienter fieri possit, in perpetuam amphiteosim tradantur ; ex quibus longe ultra octingenta milia librarum turonensium annuatim habebitur a Templariis et Hospitalariis.

Super perceptis postquam civitas Acon[1] destructa fuit, ratio cum reliquis exigatur ; de qua naves cum victualibus et aliis neccessariis pugnatorum mare transiturorum procurentur, ut omnibus, licet pauperrimis, transfretare volentibus, liber et pinguis in posterum pateat transitus. Cum navibus vehantur nobis quecunque de Terra Sancta poterunt opportuna haberi, et de bonis nostris illuc, ut bona hinc inde de facili communicentur ; per que non immerito Christicole, citra dictum mare et etiam ubique positi, longe facilius et ardentius movebuntur ad presidium et opem salutis dicte Terre. De locis fertilibus insularum et riparum dicti maris tot victualia et alia neccessaria cum hujusmodi navibus portabuntur quod pugnatores quicunque sint, ubicunque prope mare saltem existentes, nullam victualium penuriam patientur. Dicti religiosi qui commode quoad presens transffretare et illuc habitare non poterunt, ut agant penitenciam super excessibus eorum, in monasteriis Cysterciensis ordinis et aliis pinguibus detrudantur ; ibi vivant cum fratribus qui, ut possint eos sustinere, pauciores alios recipiant quousque super eorum honere poterunt relevari.

Talisque thesaurus annuus magnus erit ; per cujus magnitudinem malafides Templariorum et Hospitalariorum apparebit[2], et qualiter hactenus ipsa re Terram Sanctam prodi-

---

1. La prise d'Acre est de 1291.
2. Ms. *apparebat*.

derunt et in ipsam peccaverunt[1]. Qui thesaurus annuus, cum videbitur ejus profectus, largitione fidelium et ex bonis guerras moventium, aliisque pluribus modis, magnum recipiet inchrementum, prout inferius pro magna parte clarius apparebit.

[x] 16. Cumque dicta Terra magno conflictu populorum egeat quoad presens, sanctissimus papa, prout dicitur, hujusmodi negotium plurimum cordi habens, exhortabitur singulos prelatos ad mittendum illuc cum impensis suis, juxta suas facultates, tantum quantum poterint, majorem numerum pugnatorum, similibus robis indutorum, videlicet equites suo, et pedites suo modo, nec non et armis similibus indutorum cum baneria domini mittentis eosdem. Et procurabit idem dominus papa quod similiter principes, per se si commode possint, si non, per aliquem ydoneum loco sui, cum armis et baneriis suis; ita quod omnes nati de regione cujuslibet principis, per quoscunque videlicet cujuscunque conditionis homines illic transmissi facient aciem unam, si ad hoc sufficiant; si non, proximi illorum linguas suas intelligentes adjungentur eisdem, in tantum quod ex ipsis sufficiens acies constituatur. Cujuscunque condicionis homines, etiam domine, non solum vidue sed etiam conjugate, inducantur ad mittendum sufficienter eisdem robis et armis munitos; ut modus gloriose mittendi, et incedendi pacifice, civitates, castra, et alias villas cum bucinis, sonis aliis instrumentorum et cantilenis transeundi, cum pulchris baneriis, et armis discoopertis, corda et affectus singulorum fortiter inducat et moveat ad transffretandum cum ydonea muni-

Contributions et contingents divers.

---

1. Il est remarquable que Dubois ne sépare pas ici les Hospitaliers des Templiers, contre lesquels il devait bientôt lancer des pamphlets particuliers : E. Boutaric, *op. cit.*, n° XXVII et suiv. — En 1310, Guillaume de Nogaret écrit que l'*abhominacio Templariorum* est un des principaux obstacles à l'entreprise d'outre-mer et propose encore une sorte de confiscation amiable des biens des Hospitaliers et des chevaliers Porte-glaive (*Ibid.*, n° XXXVII).

tione, vel mittendum. Sic per concursum et conflictum augebitur, ultra quam modo credi posset, numerus pugnatorum.

17. Item inducantur principes et alii magni qui transffretabunt ad promittendum quod si propter mortem, infirmitatem, seu revertendi ad propria quamcunque causam dimittant exercitum, certum ibi dimittent cum suis armis et baneriis numerum pugnatorum, cum impensis quas commode ministrare poterunt, de thesauris presidii Terre supplendis et perficiendis.

18. Item inducantur singuli cujuscunque sexus potentes ad hoc quod post primum iter arreptum, quolibet anno sequente procurent et mittant, saltem usque ad mare, cum impensis subsidii ulterius transvehendos, quot pugnatores poterunt cum uxoribus propter terram populandam et inhabitandam, juxta ipsius terre recuperationis et conservationis ejus neccessitatem.

19. Item, et quod strenuus, prudens ac expertus miles, portans arma cujuslibet catholici principis, remaneat ibidem cum signifero.

Institutions hospitalières à créer dans la Terre Sainte reconquise.

20. Item, et quodlibet regnum catholicorum, nec non alie late regiones quelibet videlicet, habeat ibi civitatem, castellum aut alium locum insignem cum locis adjacentibus juxta sui populi quantitatem, ut de novo venientes desolati per viarum districtus, variasque lectorum[1] et aliarum rerum penurias, recipiant ibi post tristicias, penurias et dolores, gaudium, et cum delectatione nativa consolationem ; mutentur etiam hujusmodi nomina locorum, et forciantur regni de quo venerint habitantes seu civitatis ejus sollempnioris nominationem, que cunctis de novo venientibus tediorum et laborum per quam magnum prestabit solamen. Propter quod so-

---

1. Ms. et Bongars : *electorum*.

lamen cum delectatione supervenientes infirmi citius valde sanabuntur; sanique debiles facti longe citius fortificabuntur, vires et audaciam naturales resument; cum de aciebus et bellis redibunt infirmi seu vulnerati, per sibi conjunctos medicos et cerurgicos cum diligenti custodia, solamine et aliis conferentibus, cito, inter suos presertim, propter spem solaminis et custodie suorum, longe citius sanabuntur; et fortes effecti ad suas acies remeabunt, propter evasionem securiores et audaciores effecti.

[XI] 21. Preterea ne sit deffectus recti ordinis et civilitatis in locis habitationum Terre Sancte assignandis et bellis disponendis, statui ordinetur quod exules, propter guerras ab eis motas, ob hanc penam illuc missi, in primo seu primis sint bellis; et quod habitationes habeant in terra hostibus proximiores et ultimas qui venerint posteriores in terram eandem. Partage des terres conquises.

22. Ne autem inter nationes oriatur dissensio super majoribus civitatibus Jerusalem et Acon eligendis et habitandis, expediens et rationabile videtur quod singularum regionum homines in eis permittantur prout elegerint habitare; et idem videtur de aliis locis majoribus mari junctis seu tantum proximis quod in eis frequenter conveniant diversarum regionum mercatores.

23. Item quelibet civitas cum territorio eidem assignato ducem belli habeat, qui sub se centuriones habeat: centurio, de centum sibi commissis pugnatoribus octo cohortes, in quarum qualibet sint duodecim pugnatores quibus possit; unus centurio in sua cohorte quindecim secum habeat, ut semper sciant an habebunt suos omnes; se invicem firmius custodiant et defendant usque ad mortem. Organisation militaire.

24. Sciatur post hoc quot pugnatores quelibet civitas mittere poterit ad exercitum. Quilibet centurio subditos suos

instrui faciat in exercitio armorum, ad quod fuerint habiliores juxta dispositionem ducis belli sue civitatis.

25. Fertur enim quod Tartarini[1], more temporis Alexandri regis obstagiantes, (ut cavetur in *Alexandreide,* moris erat Persis ducibus tunc temporis omnem ducere in arma domum), pecuniis non utuntur, victualia non comparant; spoliis hostium et de suis animalibus que ducunt, ac eorum fructibus vescuntur; non tenent obsidionem ante unum fortalicium; semel in sex vel quinque diebus, ex omni parte, mane una hora simul omnes conveniunt; insultum faciunt multis modis, secundum ritus suos, usque prope vesperam; tunc redeunt ad habitacula sua, uxores, liberos, et bestias. In talibus non expedit insistere; secundum varietates temporum, locorum, hostium, pugnatorum nostrorum, et alia, modum pugnandi variare opportebit, prout experti bellorum duces viderint expedire.

De la route à suivre.

[XII] **26.** Quoniam[2] vero pugnatores in mari ac equi eorum plerumque debilitantur, nec simul posset haberi competens navigium ad tantum populum simul transfretandum, nec alicubi possent simul naves intrare, nec ad unicum portum simul applicari; idcirco, ne paucos simul venientes per ferocitatem hostium trucidari contingat, procurantibus malis angelis hujus operis prout magis poterunt inimicis, expedire videtur quod ad instar illius supremi pugnatoris Karoli Magni, major pars exercitus totalis incedat per

---

1. Dubois aime à citer les coutumes des Tartares. Cf. *De abreviatione,* fol. 11 r°: « Audivi quemdam qui cum Tartaris conversatus fuerat recitare quod rex terre eorum quiescens circa medium regni sui sic mittit ad singulas partes ejus, pugnans per alios, cum necessitas hoc exposcit. » — Cf. ci-dessous, § 69 à la fin.
2. Dubois a réédité les considérations présentées dans ce § dans son mémoire de 1308 *De facto Terre Sancte:* « Sic... dominus rex... per Alemanniam... in Terram Sanctam transiret cum maxima pugnatorum multitudine sicco pede, sicut ejus antecessor Karolus Magnus et Fredericus imperator penultimus transivisse leguntur. Sic venire possent nobiles in Terram Sanctam per Dei gratiam fortes equites omnes, non per mare debilitati. »

terram siccam[1], requisito ad hoc consensu Peryalogi[2] et aliorum principum, per quorum terras transibit exercitus; a quibus petatur securus aditus, transitus et exitus terrarum suarum; nec non quod singuli peregrini victualia habeant et hospicia pro pretio competenti communi, sicut et incole locorum, nec non quod principes locorum libere permittant et faciant victualia ex omni parte, quocunque tributo cessante, ad loca transitus apportari. Licet hec sit via multum longa, multi per ipsam ibunt qui per aliam ire non auderent nec possent.

Melius erit in pluribus locis quam in uno solo hostes insultare. Per illam viam ire poterunt Alemanni, Ungari, Greci, et omnes inter ipsos et Septentrionem habitantes; per hanc viam ivisse legi in *Hystoria Hierosolimitana*[3] Federicum imperatorem qui submersus fuit cum se balneabat propter calorem in quodam flumine Hermenie, tempore Salahadini regis Asiriorum, qui fugiens ante imperatorem multas terras et fortalicia dimisit eidem.

Ad transffretandum per mare recipiantur quicunque de regnis Anglie, Francie, Hyspanie, omnes citramontani, Lombardi, Tuci, Apuli, Calabrini, Siculi, et aliarum insularum illius maris habitatores; ita quod illi qui mare timebunt ad suas impensas et labores viam eligant longiorem[4].

---

1. La question du choix entre la voie de terre et celle de mer est discutée par tous les auteurs de projets de croisades; Raymond Lulle propose deux corps d'expédition, passant l'un par le Maroc, Tunis et Tripoli, l'autre par Constantinople et la Syrie. Le dominicain Guillaume d'Adam, qui écrivit de 1310 à 1314 le traité *De modo Saracenos extirpandi*, conseille le trajet par Constantinople, et la formation d'une marine chrétienne dans le golfe Persique. Brocard, dans le *Directorium*, propose la route par l'Italie et la Serbie. Le vénitien Sanuto propose la voie de mer. Quant à Dubois, il se prononce à la fois pour les deux voies : cf. § 104.

2. Andronic II Paléologue (1282-1328).

3. Bongars, *Gesta Dei per Francos*, I, p. 1162.

4. Mémoire de 1308 : « Habitantes prope ripas maris inter Greciam et finem Hispanie et alii quicumque volentes magis per mare quam per terram transirent in Cyprum, et credo adhuc quod vix posset pro istis omnibus sufficiens navigium reperiri. »

Mais, avant tout, il faut réformer les abus qui se sont glissés dans l'Église; c'est la condition de la paix universelle.

[XIII] **27.** Sicut autem ad tantam recuperationem et conservationem confluere opportet et expedit totius reipublicæ catholicorum concordem et unitam virtutem temporalem, sic opportebit per orationes devotas universalis ecclesie, tantam petere et impetrare graciam, tante pacis recuperationis et conservationis, ab illo a quo omnia bona procedunt, qui est Deus et Dominus exercituum, qui solus est causa pacis et victorie. Nam si duces bellorum pugnatoresque sibi commissi de suis confiderent viribus, et eas estimarent ad tantam sufficere victoriam perpetuo habendam et observandam, et ad resistendum angelis malis contranitentibus, persuasionibus et temptationibus eorumdem, quos creditur premissa, prout poterunt, per suas astucias impedituros, non posset hujusmodi recuperari Terra et servari. Idcirco videtur expediens per concilium peti reformari et emendari statum universalis ecclesie, ut prelati tam majores quam minores abstineant a vetitis per sanctos Patres; eorum precepta, statuta et consilia custodiant, ut tenentur, juxta illud Prophete[1] : *Declina a malo et fac bonum; inquire pacem et persequere ipsam* ; ut, adepta vera pace cordium, omnes prelati catholici, cum toto clero et populo sibi commissis unam facientes spiritualiter rempublicam, ut accedat quod ait Apostolus[2] : *Multitudinis credentium erat cor unum et anima una*, et quod ait Philosophus : *Omnis virtus unita fortior est seipsa diversa et divisa* ; per devotas, humiles et assiduas orationes, victoriam perpetuam super infideles impetrent ab illo qui cum sapiencia, quam solum petebat Salomon, dedit eidem auri et argenti ceterasque mondi divicias pre omnibus qui ante ipsum fuerant in Jerusalem.

Quod sic expediat facere colligi potest ex eventibus bellorum precellenter militantis Jude Machabei fratrumque suorum ; qui cum de suis viribus confidebant cadebant in bello ; et victoriam, cum eam de celo petebant, humiliter de-

---

1. Psal. XXXIII, 15.
2. Actes, IV, 32.

precantes summum regem exercituum, optinebant; ut accedat quod ait Apostolus[1] : *Omnia quecunque scripta sunt, ad nostram doctrinam scripta sunt.* Idcirco prudencia Scripturarum, non propria debemus uti, auctoritate Salomonis, cum ait[2] : *Fili, ne innitaris prudencie tue,* et canon inde sumptus : *Nemo suo sensu utatur.*

[XIV] Idcirco pacem generalem querere et a Deo petere debemus, ut per pacem et in ejus tempore, cum alias fieri non possit, perfectas virtutes et sciencias adquiramus ; quod sensit Apostolus cum ait[3] : *Pax Dei, que superat omnem sensum, custodiat corda vestra et intelligencias vestras;* intelligencie vestre, que sunt anime rationales, per guerras, discordias, et lites civiles que bellis equiparantur, et per earum prolongationes non custodiuntur, sed frequenter destruuntur; ideo, prout magis facere potest, debet eas quilibet vir bonus evictare et fugere; et cum hoc amplectitur alias non potens jus suum consequi, debet hoc prout magis potest abreviare, in hiis pacem suam et jus querens cum cordis dolore ; quod sic docuit fieri Philosophus, cum ait : *Bellum de se et in se tantum est illicitum et malum, quod quicunque appetit bellum propter bellum in fine malicie est* ; simile est, licet non tantum, malum in civilibus controversiis et litibus[4].

28. Sic enim pax universalis finis est quem querimus; quem in intentione nostra primo habemus, quia secundum Philosophum : *Finis operis primum est in intentione, ultimum vero in operis executione,* debemus primo tollere singula pacis universalis impedimenta et occasiones verisimiles

---

1. Rom. XV, 4.
2. Prov. III, 5.
3. Phil. IV, 7.
4. Cette idée est le pivot du premier ouvrage de Dubois, intitulé, comme on sait : « Summaria brevis et compendiosa doctrina felicis expedicionis et abreviationis *guerrarum* ac *litium* regni Francorum ». La guerre et les procès sont, aux yeux de Dubois, les deux fléaux de la société.

impedimentorum, ut accedat quod ait Philosophus : *Quicunque sustinet positionem Eracliti, debet concedere et negare omnia que concederet et negaret Eraclitus si presens esset,* hoc est omnia antecedentia et consequentia ad positionem ; alioquin concedens vel negans aliquid repugnans prime positioni, ad turpissimam ducetur redargutionem.

De l'esprit processif et mondain des prélats.

[XV] **29.** Si ergo summus apostolicus, mondi totius speculum, beati Petri principis apostolorum locum tenens et sedem, vicarius Domini nostri Jhesu Christi, salvatoris et patris omnium animarum, ut omnes animas salvet, patrique suo servet et reddat, omnes guerras, seditiones et controversias nitens in singulis evellere, et quod sic fiat docere, hoc in se et fratribus suis cardinalibus et coepiscopis primo debet facere ut accedat quod scriptum est[1] : *Cepit Jesus facere et docere;* et Apostolus[2] : *Operemur bonum ad omnes, quatinus in nobis est, maxime autem ad domesticos fidei.* Considerare ergo debet qualiter se habent et militant patriarche, primates, archiepiscopi, episcopi, et alii prelati, ducatus, comitatus, baronias, et alia temporalia optinentes; qualiter ipsi guerras movent, in quibus multi temporaliter, ut videmus, et spiritualiter, ut estimant homines, frequenter moriuntur; qualiter prelati bellantes perfectius et attentius vacant et vigilant bellis quam animarum saluti; qualiter in hoc plus laborant et impendunt, non advertentes etiam in lege civili scriptum esse quod anime humane sunt quibuscunque rebus preferende. In regionibus in quibus non pugnant hi prelati, ut in regnis Anglie et Francie, videat qualiter controversiis rerum temporalium vacant; qualiter, deserta cura animarum, pro modico parlamenta, scacaria, et alia principum auditoria frequentant; qualiter student et laborant, ecclesiarum bona que sunt pauperum Jhesu Christi consument in hiis litibus, patronis et ministris earum ; qua-

---

1. Actes, I, 1.
2. Gal. VI, 10.

liter plus remunerant legis humane quam divine patronos, ministros et judices ; qualiter ipsi suas sponsas dimittant desolatas, ut in domibus et auditoriis regum habitent, ut disceptationum forensium periciam et experienciam adquirant; qualiter scholares juvenes, ritus et gesta prelatorum videntes, desertis ob hoc philosophie legisque divine studiis, confluunt quasi omnes ad studia legum civilium, in eis et per eas querentes non solum pinguia beneficia, sed etiam prelationes majores ut multos imitentur qui per hujusmodi leges civiles et earum exercitia majores prelationes sunt adepti[1]. Nonne hoc jam est taliter et in tantum assuetum, quod philosophie legisque divine sciencia in paucis preter quam in religiosis reperitur ?

Nonne frequenter plus impendunt prelati per annum propter modice rei temporalis defensionem, plus in hoc et ob hoc de se laborant, quam ob salutem omnium sibi commissarum animarum ? Quando canonicus qui presbyter erat fit episcopus, quantum videmus ipsum litibus temporalium intendentem, plus in salute animarum laborare quam ante ? Nonne prelati, exceptis litibus temporalium, longe magis quiescunt et minus laborant, magisque vivunt delicate quam alii clerici, et quam ipsimet ante prelationes assumptas faciebant ? Et dum prelati aliquando bona predicant, nonne frequenter evenit quod audientes eos increpare et

---

1. Comparez ci-dessous § 76, à la fin, et le mémoire *De reformandis in ecclesia Dei* adressé par Guillaume le Maire, évêque d'Angers, en avril 1312, au concile de Vienne (Coll. des Doc. inédits, *Mélanges historiques*, II, 476); il exprime les mêmes plaintes en se plaçant à un tout autre point de vue et gémit des mêmes abus pour d'autres raisons : « Multi boni clerici, cum sint pauperes nec subsidium ab ecclesia habere valeant... ad curias seculares et consilia principum, in grave ecclesiarum detrimentum, se transferre coguntur, et isti sunt qui ecclesias et ecclesiasticas libertates, quasi contempti ab eis, acrius persecuntur.» Cf. *Roberti Grosseteste Epistolæ* (éd. Luard, Londres, 1861, in-8°, p. 205). — Comparez aussi Roger Bacon (*Opus tertium*, éd. Brewer, p. 84) : « Plus laudatur in ecclesia Dei unus jurista civilis, licet solum sciat jus civile et ignoret jus canonicum et theologiam, quam unus magister in theologia, et citius eligitur ad ecclesiasticas dignitates ». Philippe le Bel comptait plusieurs évêques parmi les clercs palatins, ses ministres.

arguere litium amatores, et insecutores cupiditatis, avaricie, et injusticie et alias solitas passiones, dicunt[1] : *Multa bona audimus hos loquentes, et videmus alia facientes.* Bossumus de istis post Salvatorem nostrum dicere et recitare[2] : *Super cathedram Moysi sederunt scribe et Pharisei ; que dicunt, facite, sed que faciunt, facere, nolite. A fructibus eorum* (id est operibus) *cognoscetis eos.* Ad quod se referens Philosophus quinto Moralium ait : *Qui bona loquitur et mala operatur, falsum doctorem se probat et ostendit*[3].

De l'avidité des moines, qui gaspillent le bien des pauvres.

[XVI] **30.** Consideret etiam summus apostolicus qualiter religiosi ordinis Sancti Benedicti communiter et ut in pluribus in domo Domini conversantur abbates, qui omnia bona monasterii possidere et servare debent, plerumque sunt pauperes. Monachi qui sine peccato mortali nihil appropriatum possunt habere, divites sunt, administrationes in abbaciis et extra querunt ; sitiunt, ut aurum et argentum in loculis reponant, que frequenter suis tradunt amicis, quibus eis morientibus aliquando remanent cum perditione animarum tradentis et recipientis. Inter hos monachos reputantur prudenciores qui plus habent in loculis, contra votum sue professionis. Isti religiosi extra abbacias multos habent prioratus non conventuales, pro duobus vel tribus monachis magnos redditus habentes, quorum forensium locorum priores residuum post eorum victum et vestitum, licet Christi pauperibus debitum, reponunt in loculis ad litigandum contra suos abbates vel alia mala faciendum, saltem ad omnia alia sua opera, etiam orationes, mortificandum ; quandiu custo-

(Prieurés non conventuels)

---

1. Math., XXIII, 2.
2. Math., VII, 16.
3. Il est certain que les contestations relatives au temporel et à la juridiction ecclésiastique formaient au XIIIe siècle le plus gros contingent des procès plaidés en justice. Voyez, à ce sujet, au point de vue laïque, les considérations de Dubois lui-même, dans la seconde partie du *De abreviatione* (fol. 13), et, au point de vue ecclésiastique, les textes publiés par le P. Ehrle, *Ein Bruchstück der Acten des Concils von Vienne* (Archiv für Literatur and Kirchengeschichte, t. IV.)

diunt quasi votum frangunt, super quo vix aut nunquam postmodum se emendant.

31. Item in talibus prioratibus monachi plerumque vivunt luxuriose, ebriose, et alias inhoneste; et aliquando filii nobilium fiunt in Burgundia monachi ad illam intentionem ut tales prioratus habeant, non solum ut de bonis eorum delicate, sed etiam ut luxuriose vivant etiam in studiis, ut de pluribus audivit, et, ut creditur, satis novit dominus papa suorum temporibus et locis studiorum. Abbates et alii prepositi predicti ordinis sunt frequenter negligentes in correctione talium, timentes aliquando, si corrigere niterentur, lites et discordias eorum, quas timere non deberent. *notamment en Bourgogne.*

32. Item multi monachi juvenes rixosi sunt et esse satagunt in claustris, ut ad tales prioratus causa spaciandi et lasciviandi mittantur.

[XVII] 33. Consideret etiam dominus papa quot et quantas guerras, quam periculosas predecessores sui moverunt vel motas sustinuerunt propter defensionem patrimonii beati Petri[1]; quot catholicos ob invasiones hujusmodi patrimonii excommunicationi et anathemati supposuerunt; quod in talibus peccatis, signis penitencie non apparentibus, mortui fuerunt; quantas impensas in talibus guerris et ob eas fecit Ecclesia, et adhuc presumitur esse factura. *Du patrimoine de Saint-Pierre.*

34. Consideret etiam qualiter ubique terrarum ecclesie *De la simonie en cour romaine.*

---

1. Dubois fait ici allusion aux secours fournis à Martin IV par Philippe III dans ses guerres contre les barons de la Romagne (Voy. P. D. Pasolini, *I tiranni di Romagna e i papi nel medio evo*, Imola, 1888, in-12). — Dans sa réponse à la bulle *Scire te volumus*, notre auteur avait déjà élaboré un plaidoyer en règle sur les inconvénients du pouvoir temporel des papes; il y avait même dévoilé plus franchement qu'ici toute sa pensée : « Forte expediret romanos pontifices fore pauperes, sicut olim fuerunt, ut sancti essent. » (Dupuy, *Preuves du Différend......*, p. 46, collationné sur le ms. 10919 de la Bibl. nat., fol. 6). Cf. ci-dessous § 40 et la *note.*

romane subjectarum clamatur, cum aliquis de symonia arguitur.

Nonne videtis qualiter dominus papa et cardinales munera recipiunt ab ipsis quibus beneficia conferuntur, presertim ab illis quibus de prelationibus providetur[1]? Qualiter illis per suos mercatores sub gravibus usuris faciunt peccunias quas ab eis capiunt mutuari, presertim ab exemptis ? Videtis quod cum duo electi, quorum etiam unus habet jus, venire solent ad curiam, demum post factas ab ipsis magnas expensas et munera recepta, laboribus et periculis viarum ac curie sustentis, inducitur uterque et aliquando compellitur alter renunciare suo juri, totum in manibus domini pape ponere ? Et qualiter papa consuevit alii de ecclesia vel monasterio providere ? Et qualiter consuetum est quod sic provisus serviat curie de magna peccunia, aliquando septem, octo, vel decem milibus libris, sub gravibus usuris perceptis ab illis qui publice vocantur pape mercatores, qui publice dicuntur ejus peccunias recipere, conservare, et fencrare[2] ?

---

1. Contre le népotisme de Clément V en particulier, Dubois dirigea, au moment où ce pape parut hésiter à complaire aux vues du roi de France au sujet des Templiers, un pamphlet virulent (*Notices et extraits*, loc. cit., n° XXVII).

2. Guillaume le Maire, dans son mémoire de 1312, dénonce avec encore plus d'énergie les abus de la simonie romaine (*loc. cit.*, p. 481 et suiv.) : « Quia multi vita et moribus detestabiles, de diversis mundi partibus ad sedem apostolicam concurrentes, tam in Roma pauperum quam alias, beneficia cum cura vel sine cura cotidie impetrare noscuntur, maxime in locis, in quibus de vita eorum et moribus noticia non habetur, et a prelatis, tanquam filiis obediencie, mandato sedis apostolice obtemperantibus, reverenter instituti vel admissi, ita detestabilem et deformem vitam ducunt, quod ob hoc ecclesie destruuntur, populi scandalizantur, Dei Ecclesia blasphematur.....

Ut cum reverencia sancte Romane ecclesie et sedis apostolice loquar, multe ecclesie in diversis mundi partibus hodie graviter desolantur, propter hoc quod dignitates et personalus et earum officia a commorantibus in Romana curia detinentur, ibidem perpetuo remansuri, quia, dum inibi iterum et iterum, et quociens vacant, aliis curialibus conferentur. Et si tandem ecclesie ob suarum absenciam personarum et carentiam deffensorum pernicioso exterminio et ruine irreparabili subjacebunt. Quod utinam dominus summus Pontifex et sacer cetus cardinalium, qui sunt animalia pennata plena oculis ante et retro, diligenter aspicerent ac novissima providerent ! »

[XVIII] **35.** Consideret etiam dominus papa quod cardinales magnas habent secundum Ecclesie statum dignitates, magna opportet eos impendere secundum ritum vivendi modernum, paucos quasi nullos habent redditus suis titulis apropriatos; idcirco tamquam mercenarios opportet eos quasi vivere de rapina. Qui tanta neccesse habent et consueverunt recipere, qualiter assessores ydonei summi judicis, et sub ipso judices esse poterunt? In talibus presumitur pro divitibus quod sua debeant officia laudabiliter exercere; e contrario presumitur contra pauperes, quoniam, ut ait Philosophus : *Oppositorum opposite sunt cause,* et qui bene differunt contraria consignificant. Per munera, preces, timorem, amorem, odium, concupiscenciam et hujusmodi solet judicium corrumpi ; prout in canone scripserunt qui per experimenta didicerant sancti Patres ; et hoc communiter credunt et dicunt omnes : *Munera sumpta ligant,* et prout scripsit commentator Averrois : *Nullus sermo communis in totum falsus reperitur.* Des cardinaux.

[XIX] **36.** Propter que peccata et occasiones delinquendi, nec non et alias quas plenius novit summa experiencia regie maje[st]atis considerans scriptum in canone et communiter usitatum quod *id quod agitur a prelatis facile trahitur a subditis in exemplum* ex nunc in posterum extirpandas, ne inde nascantur injurie unde jura nasci debent, et ne concussis columpnis corruat edificium, quoniam scriptum est: *Si sacerdos qui est unctus peccaverit, faciet delinquere populum* ; ne prelati, qui sunt et esse debent, seque factis et verbis probare medicos animarum, morbos amplius indicant et inferant quos curare debent, et pro quibus curandis ab animarum patre sunt ad tantas dignitates, quas secuntur omnia mondi bona, vocati. Si medicus pro sanando unico regis filio et herede tot reciperet redditus, proventus et honores quot habet unus episcopus pro curandis et sanandis animabus, et ei occasionem morbi, et per consequens mortis, per suam culpam prestaret, utpote coram ipso bibendo Apologue.

vel comedendo quidquam desideratum a filio quod esset ei mortiferum ; et filius hoc sequens exemplum seque putans, cum non esset, ad digerendum cibum vel potum desideratum suo medico fortiorem, gustaret vetitum et moreretur ejus occasione, quid deberet et posset rex facere de tali medico ? Nonne posset ei dicere : « Vetuisti filio meo mortiferum cibum vel potum quem desiderabat ; et quia ipso vidente gustavisti, ipse ob hoc ardentius appetens, magis credens facto tuo quam verbo, gustavit et mortuus est hac occasione. Nonne sciebas quod qui occasionem dampni dat, dampnum dedisse videtur ? Et quod majus est docere facto quam verbo ? Et quod virtus concupiscibilis viso objecto, quasi sine comparatione plus movetur, et ardentius concupiscit, quam non viso ? Nonne hoc percepisti in equis et tauris respectu feminei sexus eorum ? Nonne dicit Scriptura : *Fugienda consortia mulierum ut minus appetantur ?* Tu, te vendens mihi pro perito et experto, taliter contra me peccasti ; laqueum tetendisti per quem filius meus mortiferum gustavit et ob hoc decessit ; in culpa lata mortis ejus fuisti, et idcirco morieris. » Quis diceret regem istum per hoc injuste judicasse ? Nonne videmus manifeste, quod prelati propter occupationes temporalium etiam modicorum, sine quibus non minus bene viverent, deserunt frequenter et negligunt spiritualium curam ? Nonne sunt magis solliciti de defensoribus temporalium suorum quam spiritualium ? Nonne magis ipsos remunerant ac remunerare notorie consueverunt ?

Retour sur l'indignité des prélats.

[XX] Nonne inferiores curati animarum, sic videntes operari suos majores, moventur ad ipsos imitandum, et similia opera more brutali faciendum ? Nonne in eodem, sicut diligencia attrahit diligenciam, sic negligencia negligenciam ? Nonne dicit Salvator[1] : *Exemplum do vobis, ut quemad-*

---

1. Joh., XIII, 15. Le texte est : *Ut quemadmodum ego feci vobis, sic et vos faciatis.*

modum dilexi vos, sic et vos faciatis. Ad quod se referens Apostolus ait[1] : *Omnis Christi actio nostra debet esse instructio.* Nonne ad hoc concordat lex civilis cum ait : *Non refert utrum populus romanus voluntatem suam exprimat verbis vel rebus ipsis et factis*[2]. Nonne, ut in canone legitur, prelati propter se cavere debent ne male agant, et ne male agere videantur et infamentur, propter suos subditos, proximos et conjunctos, ne sequantur exemplum eorum?

Nonne scimus quod juxta sanctorum Patrum doctrinam hec debent esse opera prelatorum, sacram Scripturam legere et docere, per orationes sibi commissi gregis peccata delere, et in quibus hec non sufficiunt, arguere, increpare, corrigere et punire peccata nocentium que possunt esse nota, occulta solius Dei judicio relinquendo ?

Nonne videmus prelatos majores ab hiis operibus propter occupationes temporalium plerumque cessare? Nonne videmus quales ipsi loco Dei in hoc positi, et ob quas causas moti, sub se medicos eligunt animarum? Qualem respectum habent? Nonne preferunt affectiones sanguinis, patrie, servicii temporalis, prudencie, sapiencie, et experiencie medicorum quos eligunt loco sui? Quare non considerant qualiter ipsi remunerarent aliquem qui, ipsis graviter infirmatis nec petentibus habere nisi solum medicum, sibi de ipso unico taliter provideret, et pro labore provisionis ab ipsis tanta reciperet stipendia, quanta ipsi recipiunt a Christo qui omnia videt! Si rex vel imperator commissurus bellum magnum, sub periculo amissionis regni vel imperii si victoriam non haberet, nec posset constituere nisi unicum ducem sui belli, cujus electionem committeret illi de suis cui plura bona fecisset, ut uni ponamus pauperrimo, in archiepiscopum Coloniensem

Apologue.

---

1. Ce précepte, attribué à l'apôtre, est plutôt un résumé de sa doctrine. Cf. Act. I, 1. *Cepit Jesus agere et docere.*
2. Digeste, 1, 3, *De legibus*, fr. 32, 1, Julianus, lib. 84 digestorum... « nam quid interest suffragio populus voluntatem suam declaret an rebus ipsis et factis? » Les citations faites du Digeste par Dubois sont rarement conformes à la lettre des éditions. Il citait de mémoire.

per imperatorem promoto ; et idem archiepiscopus cujus electioni stare opportet, ponamus quicunque sequatur eventus, considerans ducem belli multum ditandum, eligeret ob hoc juvenem, sanguine, servicio, vel natione sibi conjunctum, omisso seniore experto, in talibus assuefacto, cui non teneretur archiepiscopus ; nonne sic eligens, inexpertum preferens experto, imperitum perito, ab omnibus vittuperaretur[1] ?

Nonne Christus, pater animarum, desiderans eas omnes in bello vincere contra Sathan, electiones ducum hujusmodi bellorum tam periculosorum commisit prelato superiori, vicario suo in plenitudinem potestatis assumpto, et aliis prelatis in partem sollicitudinis vocatis, cuilibet in sua dyocesi ? Si isti prelati propter commoda temporalia minus bene eligant, si jus habentem in electione repellant ut alii, quem plus diligunt vel a quo munera expectant, provideant, si de melioribus personis, alias preferendo quas putant minus ydoneas, ecclesiis non provideant, quamcunque affectionem aliam ab animarum salute querentes, nonne Christus, qui tantum ditavit prelatos, quod ipsi propter penuriam temporalium se non possunt excusare, nec secundum vulgi oppinionem tolerabiliter moveri ad sic eligendum, a Christo poterunt inconvincibiliter redargui de crimine lese divine majestatis ? sicut dictus archiepiscopus, dux vel comes similiter ditatus, cui commissa fuisset ducis electio, de crimine lese majestatis humane, duce belli per suum inordinatum et inexpertum modum exercitum ordinandi et regendi, devicto ?

Retour sur la nécessité d'une réforme.

37. Nonne per predictos modos vivendi prelatorum et religiosorum aliosque deffectus et excessus eorum, in ecclesia Dei totoque populo christiano scandala gravia sunt exorta, de quibus loquens Apostolus inquit[2] : *Si scandali-*

---

1. Voyez un apologue presque identique dans le *De facto Templariorum* de Dubois (en français, *Notices et extraits*, loc. cit., n° XXVII, p. 176).
2. Cor., I, VIII, 13.

zatur frater meus, non comedam carnes in eternum. Nonne lator canonis ob hoc salubriter motus ait quod *Propter scandalum vittandum fieri debet et omitti quidquid fieri et omitti potest sine peccato mortali.* Et alibi in canone : *Faciat homo pro temporali vita hominis salvanda quod potest sine detrimento salutis eterne.* Nullus enim propter alium se debet subjicere mortali peccato, pro quo pena debetur eterna.

Si ergo scandalum unius villule vittandum est, et ob hoc faciendum et omittendum, etc., quanto magis propter scandalum populi unius dyocesis, et magis unius provincie, et adhuc magis unius regni? Quanto magis et magis vittari debet scandalum totius populi Ecclesie romane subjecti, et infamia omnibus occasionem tribuens delinquendi?

[XXI] Quis est ille qui statum presentem expertus universalis ecclesie, et videns in premissis et aliis inordinatum, ob hoc a sanctorum Patrum ecclesie doctorum discrepantem documentis, non estimaret, reformato statu universalis ecclesie presertim in premissis, orationes Domino pro subsidio Terre Sancte pie generaliter effundendas, quasi sine comparatione plus prodesse quam alias? Vere ad recuperationem et conservationem Terre Sancte requiruntur orationes devote prelatorum, cleri, et populi. Quoniam humane vires non possent sufficere, nec arma et gladii temporales, argumento canonis quo cavetur: *Aliquando propter peccata populi datur malus p. nceps et malus prelatus* quoniam populus, obstantibus peccatis, non est dignus habere bonum principem nec bonum prelatum; ad quod concordat lex divina, cum ait[1]: *Propter peccata populi regnare faciam hypocritam.* Sic ergo possunt esse et presumuntur prelati et principes mali, cum eos malos videmus, propter peccata populi; et similiter eadem ratione immo fortiori creditur populus malus propter peccata et exempla perniciosa prela-

---

1. Job, XXXIV, 30.

torum, quorum factis plus credit populus quam verbis, contra doctrinam Domini, cum ait[1] : *Super cathedram Moysi sederunt scribe et Pharisei; que dicunt facite, sed que faciunt facere nolite*[2].

Conclusion.   [XXII] **39.** Premissis igitur et aliis occasionibus perditionis animarum, nec non verisimilibus impedimentis recuperationis et conservationis Terre Sancte cum summa diligencia consideratis, expertissime vestre regie majestati si cum effectu ad hujusmodi recuperationem et conservationem proponitis, prout communiter creditur, laborare solum propter ardorem retributionis eterne, sanctissimo patri et domino domno Clementi, divina providencia sacrosancte romane ac universalis Ecclesie summo pontifici, in ejus terre subsidium, ut creditur, pre ceteris omnibus negociis intendenti, placeat misericorditer supplicare, quatinus taliter studeat reformare statum prelatorum totius populi et cleri reipublice christianorum, quod virtutes spirituales et temporales eorum unite, prout esse deberent, spiritualiter et temporaliter devote militando prospere cito possint in dicta terra contra hostes ipsius fidei catholice victoriam obtinere per divinam graciam perpetuo duraturam. Quod fieri posse videtur exemplo Salomonis, veram et solam sapienciam ab exercituum Domino postulando, quam sequetur, licet non petatur nec peti debet, auri et argenti copia plus quam ante, nec non vera pax cordium et corporum, et per consequens sciencie, plenioresque tam intellectuales quam morales virtutes.

---

1. Matth., XXIII, 2.
2. Dans le *De facto Templariorum*, Dubois ajoute à cette argumentation une anecdote : « Pour ce requist nagaires le mestre de l'ordre des Prescheours au pape que il ne baillast prelation a nul de ses freres, quar en cent bien conversans l'en porroit trouver, si come il li dist, a poine un bien conversant en l'enour et es richesses de prelacions; de celz prelaz, que que eus preschent, l'on croit trop plus le fait que les paroles... » (*Notices et extraits*, loc. cit., p. 179).

[XXIII] **40.** Que reformatio status propter hos fines taliter devotissime postuletur, videlicet quod summus pontifex, qui circa maximam spiritualium curam plurimum est honeratus et occupatus, ita quod sine spiritualium prejudicio regimini suorum temporalium sufficienter vacare non posse creditur, inspectis que super fructibus, proventibus et exitibus, impensis deductis et honeribus solitis, ad ipsum pervenire sibique remanere consueverunt, alicui magno regi seu principi, vel aliquibus, tradantur in perpetuam amphiteosim, receptis optimis cautionibus que cogitari poterunt super annua pensione perpetuo libere, quacunque subtractione cessante, solvenda in quocunque loco patrimonii sic traditi, quem dominus papa futurus pro tempore duxerit eligendum. Sic papa, qui totius pacis actor et promotor debet esse, guerras non movebit; homines non faciet in bellis subito dira morte mori; sic perfecte vacabit orationibus, eleemosinis, contemplationi, lectioni, et doctrine Scripturarum, correctionibus subditorum, justiciam et judicium singulis catholicis faciendo fierique curando, veram pacem omnibus Christi fidelibus procurando; taliter quod pacifice viventes inter se Crucifixi patrimonium recuperare veraciter studeant et servare. Sic sanctissimus papa thesauros non studebit aggregare, nec a spiritualium sollicitudine debita retrahetur; vitam ducet contemplativam, et activam favente misericorditer bonorum omnium largitore[1].

Remèdes: suppression du patrimoine de Saint-Pierre.

---

1. Dubois avait déjà proposé dans le *De abreviatione* la confiscation par le roi de France du patrimoine de Saint-Pierre (fol. 7) : « Licet papa in regno Sicilie, Urbe romana, Tucia, maritimis et montanis aliisque terris quas habuit ex donatione primi catholici imperatoris Constantini omnia jura imperialia deberet habere et gaudere de illis pleno jure, tamen propter maliciam et caliditatem et fraudem hujusmodi locorum gaudere nunquam potuit nec potest super hiis pleno jure... In romanos pontifices non eliguntur nisi senes aut etiam decrepiti, plerumque non nobiles genere, in armis non experti nec assueti. Quomodo autem talis, qui non habet amicos bellicosos, affectione sanguinis sibi conjunctos, talium subditorum... superbias in modico tempore quo vivet, tot rebelliones et insidias poterit superare? Non est racioni consonum nec verisimile quod hoc possit evenire, et, quia vix aut nunquam evenit temporibus retroactis, juxta legis consi-

Réforme du cardinalat.

[XXIV] 41. Item petatur quod dominus papa, consideratis redditibus cardinalium singulisque proventibus, qui sine mala presumptione, scandalo et infamia possunt ad eos pervenire, statuat eis, quod commode poterit facere, loco victus juxta statuum suorum conditiones super patrimonio beati Petri; quod si non sufficiat, retenta domino pape sufficiencia competenti de bonis universalis ecclesie, presertim exemptorum et prelatorum qui a sede apostolica suas recipiunt consecrationes et benedictiones, quibus in recompensationem parcetur in magnis serviciis et muneribus que in curia faciebant et in expensis, quia remoti propter hoc curiam non adibunt; universalis etiam ecclesia conferat ad hec secundum quod plus vel minus ecclesiis credetur hec provisio profutura. Cessabit prolongatio litium electorum et aliorum curiam adeuntium, qui frequenter propter munera que dabant diu detinebantur ibidem; per talia extraordinaria munera et servicia cardinales status suos sustinere consueverunt.

[XXV] 42. Quibus sic factis, sub penis fortissimis statui petatur quod cardinales et papa de cetero munera non capiant nec capientes secum habeant; contra quoscunque capientes et dantes etiam acerbissime pene statuantur, nec non numerus equitaturarum sociorumque cardinalium.

Prélèvement au profit de la Terre Sainte sur les biens ecclésiastiques.

Statuatur et quod medietas bonorum omnium cardinalium et quorumcunque prelatorum, tam majorum quam minorum, decedentium, subsidio Terre Sancte quousque integraliter recuperata munitaque fuerit, applicetur una cum omnibus

lium presumi non debet quod eveniet in futurum... Si ipse possit habere commodum solitum sine honere et impedimento cure animarum sibi commisse, terrenas occupationes et occasiones malorum vittando, et hoc recusare presumit, quis eum a cupiditate, superbia, et presumptione temeraria poterit excusare? Quis ille qui se possit et audeat estimare sufficientem et ydoneum ad utriusque gladii tante reipublice potestatem! Quomodo gravissimum superbie vicium poterit evitare? Tot enim et tot cogentes rationes ad hoc possent induci, maxime per habentes factorum illarum terrarum experienciam... »

bonis quorumcunque clericorum quos decedere contigerit intestatos.

43. Item, statim petatur quod alii quicunque a clericis beneficiatis decedentes, quartam partem bonorum suorum dicto subsidio relinquere compellantur.

44. Item, et quod singule res derelicte, et alias in nullius bonis existentes, restitutiones debite personis ignotis, et indistincte etiam que debebantur defunctis quorum non inveniuntur heredes, omnia legata caduca incertis personis et indistincte relicta, et alia que modo quolibet absque alieno prejudicio reservari et adquiri poterunt, eidem subsidio fideliter applicentur.

[XXVI] **45.** Item petatur quod patrimonia singulorum prelatorum, ratione quorum armorum servicia facere tenentur et discordias possunt in curia quacunque seculari sustinere, similiter sub annuis pensionibus perpetuis, certis et idoneis defenscribus perpetuo tradantur; si recipientes cito non inveniantur, ad firmam cum inchremento per licitationem tradantur ad biennium seu triennium, ut eorum valor melius sciatur, ne perpetuo tradentes super valore rerum fraudari contingat. Quicunque feoda prelatorum sic recipientes, bona contraplegia assignent, que, si non solverint prout actum fuerit pensionem, ecclesie perpetuo remaneant, ut sic ipsa ecclesia suo valore non fraudetur.

Suppression du temporel des évêques.

Hec res, si ipsam fieri toleraverit antiquus hostis perpendens per talia se fraudari suisque vinculis et persuasionibus fortiter obviari; si prelati minus solito per hoc habeant, nichil amittent, quoniam sibi parcent longe amplius, etiam pecuniariter, in salariis advocatorum, procuratorum, impensis propriis justiciariorum et aliorum multorum, per que consueverunt in suis regionibus patrimoniorum occasione gravari.

Quibus diligenter consideratis, prout eadem consideravit

et perspexit actor hujus operis, prelati perpendere poterunt per hunc modum suis bursis magnum accrescere lucrum quod alias non haberent. Tamen ob hoc et super hoc multi, suadente Sathana, murmurabunt variosi, colores rethoricos aliosque sophisticos querentes nequiter obviandi; contra que per suam graciam pugnare velit qui omnia novit ab eterno.

Per hanc provisionem sufficiet aliquibus prelatis dare robas quatuor domicellis, qui viginti vel pluribus robas cum multis aliis impensis dare consueverunt.

Super hac provisione debebunt multi fori secularis advocati, quibus patrimonia sub annua pensione tenturi prelati consueta salaria et alia proficua, que multiphariam multisque modis tam directis quam indirectis habere soliti sunt, non prestabunt (*sic*).

Excellence de ces mesures.

[XXVII] **46.** Per hanc provisionem[1], si fieri valeat, respublica totius sancte religionis christicolarum in sua intentione finem unum sibi prefiget, illum queret, omnes operationes ad illum diriget, ordinabit et disponet, dissonancia opera fugiendo; omnia erunt ordinata ad augmentum christiane fidei et ejus exaltationem tendencia, quod erit rationi consonum. Nam, ut ait Philosophus: *Mondus est unus, sicut exercitus est unus*; censetur autem exercitus unus unitate ordinationis, quoniam finis quem querit, appetit et intendit dux exercitus, victoria est; omnes autem qui sunt in exercitu hanc intentionem habere et ad hunc finem tendere pro totis suis viribus debent; quod si fiat modo debito, vix aut unquam a suo fine proposito et intentione fraudabuntur. Sic mundus debet esse ordinatus in unum finem, videlicet supremum celi et terre rerumque omnium conditorem; hunc finem omnes querunt, ut ait Boetius, sed multi mali hoc faciunt errantes, quia querunt ipsum in

---

1. Cette mesure radicale, symétrique à celle qui est recommandée (§ 40) au sujet du patrimoine pontifical, ne s'était point encore présentée à l'esprit de Dubois quand il écrivait le *De abreviatione*; il la recommande ici pour la première fois.

tabernis, lupanaribus, furtis, rapinis, symoniis, et aliis illicitis ; errantes sicut qui querunt pisces in montibus, feras in mari. Qui hunc finem querit ubi est, invenit ; unde qui perfecti sunt seu esse debent inter homines, ut prelati, querere debent hunc finem non in bellis, non in litibus et discordiis presertim secularibus, sed in lectione et doctrina divine Scripture, in orationibus et agibilibus, que ad activam vitam pertinent, ut vitam ducant Marie et Marthe ; felicitatem contemplativam et civilem, ut utar verbis Philosophi, consequantur. Si ad seculares discordias et occupationes retrocedere nitantur, premissis obviantes, dici poterit illis et opponi verbum Salvatoris propter tales prolatum : *Nemo mittens manum ad aratrum et respiciens retro, aptus est regno Dei*[1].

[XXVIII] **47.** Quod hec provisio sit optima secundum Dei omnipotentis ordinationem, *cujus actio*, secundum Apostolum, *nostra debet esse instructio,* videtur inconvincibiliter probari posse. Suppono quod ea que scripta sunt in Veteri Testamento sunt figura et exemplar Novi.

Item, suppono quod Dominus Terram promissionis, quam Sanctam Terram appellamus, quia per Domini presenciam et opera suoque sanguine sanctificatam, dedit Dominus duodecim tribubus filiorum Israël, quia sibi serviebant, legem ejus et mandata tenebant et docebant.

Item suppono quod legem hanc magis intensius docebant et tenebant, et Deo serviebant filii Levi, sacerdotes et Levite, quam alii ; et tamen Dominus voluit quod non haberent sortem in divisione hujus hereditatis, precipiens Josue quod eam divideret inter undecim tribus, et quod tribus Levi, ejus servicio principaliter deputata, decimis fructuum aliarum tribuum esset contenta ; et hoc, ne propter occupationem culture terrarum impedirentur et revocarentur a divinis officiis.

---

1. Luc, IX, 62.

démontrée par Dieu lui-même.

48. Si ergo prelati pro suis patrimoniis possunt habere unde vivant, etiam tantum quantum in veritate consueverunt habere, deductis impensis et honeribus assuetis, nonne si hoc recusent, dato quod aliquantulum minus haberent, quod non credo, immo firmiter estimo ipsos longe plus habituros, dissonabunt a doctrina et provisione Domini? dimissaque Domini provisione et prudencia, suis propriis sensibus factis et doctrine Domini contrariis seu adversis, repelli rationabiliter poterunt a Domino dicente :

« Occasionem salutis animarum vestrarum vobisque subditarum gratis oblatam recusastis ; occasionem perditionis animarum elegistis ; sic retro respicientes non estis apti regno meo ; in hoc mandata mea, precepta et consilia non servastis ; me et proximos vestros perfecte diligere recusastis, occasiones non diligendi perfecte et hoc probandi querentes ; non advertentes Philosophum mera ratione utentem scripsisse : *Eum qui felicitari debet felicitate contemplativa, opportet habere victum et vestitum et alia neccessaria ad procurationem vite, licet non expediat quod sit dominus terre et maris* ; non advertentes etiam in canone sanctorum Patrum propter bonum exemplum scriptum esse quod Socrates[1], ille vir Thebanus, divicias suas projecit in mare ut libere studere posset et contemplari. Vos autem voluistis non solum divicias, immo contentiosis etiam litibus ac guerris frequenter plenas, habere voluistis ; pacificas divicias, que per quam longe quasi sine comparatione minus contemplationem impedivissent, recusantes. » — Quomodo et qualiter respondere et se excusare poterunt prelati, si talem recusaverint facere ordinationem et provisionem ?

[XXIX] Non videtur quod pacis inimici, si hec fierent, offensi et a suis desideriis plurimum defraudati, licet videntes et recolentes omnia presentia et preterita ab origine mundi, possent pro impediendo probabiliter provisionem et ordi-

---

1. Il s'agit de Cratès de Thèbes, disciple de Diogène et maître de Zenon.

nationem hujusmodi probabiliter respondere ; quod si quis facere temptaverit, expediret in scripturis hoc facere, propter variationem et transmutationem verborum, que non possunt sine scriptura, etiam per eundem, diversis temporibus, sine augmento et diminutione proferri, ut ait lex civilis; cujus causa est armonia motus celorum cum diversitate aspectuum, et influencie corporum que sunt in eodem. Cum autem in fine quem querimus non sit transmutatio nec vicissitudinis obumbratio, si prelati se velint ei assimulare, variationes non querent ; recta ratione, non exemplis, se regent dicendo : « Multi sancti Patres nostri, sacrosancte romane et aliarum ecclesiarum prelati majores et prudentiores nobis sic patrimonia tenuerunt ; sic tenere et vivere volumus, ipsos imitando. » Responderi potest : « Non sequitur sancti Patres per suam constanciam temporalia et spiritualia sufficienter gubernarunt [1]; ergo moderni hec possunt et faciunt, discordiis et invasionibus hominum plurimum augmentatis ; et quia secundum legem civilem non debemus respicere, *quid Rome fit nec quid factum est, sed quod fieri deberet et debuisset;* et quod nova constituere propter evidentem utilitatem dubitare non debemus.

Objections.

[XXX] Nonne dicit Averrois quod Arabes multa mala passi sunt, quia crediderunt leges suas universaliter esse servandas et in nullo casu flectendas ? Nonne omnis lex civilis et statuta fuit propter bonum et expediens ? Vix autem reperiri posset aliquid in hoc mondo quod esset bonum ac expediens omni loco, omni tempore, omnibus personis. Idcirco variantur leges et statuta hominum secundum varietatem locorum, temporum, personarum ; et quod sic fieri debeat, cum evidens utilitas hoc exposcit, multi philosophi docuerunt, et dominus ac magister omnium scienciarum, sanctorum Patrum et philosophorum, ut sic fieri doceret et ut fieri non timeretur, plura que statuerat in Veteri Testamento mutavit in Novo. Quod dicit canon apostolicus a predictis sanctis Pa-

Réfutation de la théorie conservatrice.

---

1. V. ci-dessous p. 41, note.

tribus editus per hec verba : *Non debet reprehensibile judicari si secundum varietatem temporum statuta quandoque variantur humana; nam et ipse Deus super hiis que statuerat in Veteri Testamento multa mutavit in Novo.* Hoc dicit regula juris civilis sic : *Omnis diffinitio in jure civili periculosa est; parum est enim quod subverti non possit.* Et alia regula dicit : *In toto jure nostro generi per speciem derogatur.* Unde hic fuit, est et esse debet modus leges condendi : facta lege generali propter utilitatem communem, si appareat illam legem servando in casu speciali sub regula contento sequi durum aliquod, absurdum vel iniquum, consuevit et debet in illo casu, ne sequatur inconveniens ex lege generali, specialiter contrarium statui ; quod dicitur, jus speciale in suo casu et terminis servandum, propter specialem rationem derogans juri generaliter promulgato. Nonne sanctus Augustinus, doctor Anglorum, statuit, ut in canone suo legitur, se nullum clericum ordinare nisi renunciaret proprietati, in communi religiose vivendo ; postmodum, comperto quod multi ut ordinarentur simulabant hec se facturos et facere, nec faciebant, idcirco propter malum ypocrisis quod sequebatur vittandum, dixit : *Certe ego sum qui statueram nullum ordinare nisi sic et sic faceret: quia novi multos simulatores, ecce in conspectu Dei et vestro muto propositum.* Si ergo is sanctus in tam modico tempore suam regulam suumque statutum, quod erat bonum, si bene usi fuissent sui clerici, mutavit propter abusum, cum multi prelati defensione patrimoniorum abutantur, guerras, seditiones et lites movendo, desertis spiritualibus, eis intendendo saltem curiosius, cum majoribus impensis curis et laboribus, quam spiritualibus ; quare non committent aliis curam defensionis, preda solita post impensas et honera sibi retenta, ad instar illorum prelatorum qui labores venandi feras aliis committunt, per alios exercent, preda retenta[1] ?

Exemple tiré de la vie de saint Augustin de Cantorbéry.

1. Dubois avait déjà placé dans le *De abreviatione* cette anecdote sur saint Augustin de Cantorbéry, à propos de la discussion de ce prin-

[XXXI] 49. Et si opponatur : « Aliqui sunt prelati qui *Autre objection.* propter defensionem temporalium spiritualium curam non dimittunt », responderi potest quod non obstat. Nam legum et canonum conditores ad ea que frequenter eveniunt, non que raro, se referre consueverunt ; verum est quod secundum plus et minus, non equaliter, impediuntur per hec prelati ; et qui magis impeditur, magis et forcius se applicat ad guerras et lites, mondanorum judicio, quorum prudencia stulticia est apud Deum, plus laudatur ; hoc suadente et procurante,

cipe qu'il n'est rien au monde de si bon qui n'entraîne après soi quelques inconvénients (fol. 28) : « Quod eciam in statutis sanctorum Patrum videtur posse reperiri, videlicet quod, licet in se bona sunt, tamen ex eis plura mala fuerunt subsequuta. Licet enim hominibus difficile vivere victando peccata mortalia, per scripturam Veteris et Novi Testamenti ipsi multa statuerunt facienda et multa fieri prohibuerunt sub penis, si contra fieret, peccata mortalia incurrendi, que peccata laquei sunt Dyaboli ad animas pro ipso capiendas, per quos laqueos et eorum occasione forte periit et peribit major numerus animarum eo numero qui per eorumdem doctrinam et exempla salvabitur. Et hoc advertens beatus Augustinus minor qui statuerat nullum clericum ordinare nisi vellet religiose vivere videns quod in hoc multi erant ypocrite, vocato consilio provincie sue, statutum hujusmodi revocavit, quia malum simulationis inde sequebatur, ut hoc legitur in decreto suo sito XII. q. I, capitulo *Certe ego sum qui statueram*..... Et credo quod alii sancti Patres, si modo viverent, multa que statuerunt et prohibuerunt sub penis peccata mortalia incurrendi revocarent, et in gloria viventes forte vellent revocasse. Tamen propter intenciones bonas quas habuerunt statuendo omnia benefecisse creduntur, licet forte de ipsis in die magni judicii plurimi conquerentur qui virtute suorum statutorum et laqueorum quos indirecte tetenderunt dampnabuntur..... « Quare contra nos laqueos preparastis ? Quare non sufficiebant nobis laquei Veteris et Novi Testamenti? Apostoli et evangeliste Stephanus, Laurencius, Dyonisius, Martinus et Nicolaus tales laqueos et insidias non pararunt; non ipsi, sed vos; amicos Sathane vos probastis. Bone debuit Sathan vobis parcere super temptacionibus carnis ; loco vestrorum sibi multas, etiam innumerabiles animas donavistis... »

Dubois avait aussi plaidé dans le *De abreviatione* contre l'esprit conservateur pour l'esprit de réforme (fol. 31) : « Hec... tetigi... propter movendum regiam majestatem ad mutandum, corrigendum et emendendum consuetudines et statuta suorum antecessorum et aliorum, licet sanctorum, si propter varietatem personarum, temporum et locorum magna pericula, dampna et incommoda ex observantia consuetudinum et statutorum senserit evenire. Aliquando enim taliam notitiam et emendationem revelat Dominus minori sapientiam postulanti quas non revelavit majori alias contemplanti et oranti. Sic enim procedendi dedit exemplum Dominus qui super hiis que statuerat in Veteri Testamento plura mutavit in Novo. »

ut tales mondi gloriam pro tota mercede percipiant, et alii aliciantur ad ipsos dampnabiliter imitandum, totius contemplationis pacis et salutis animarum hoste antiquo cum suo concordi exercitu continue operante et laborante pro totis viribus ad omnium perniciem animarum.

<small>Réponse à toutes les objections en général.</small> Si enim Sathan ad invadendum et lucrifaciendum unum solum hominem aliquando invocat septem spiritus nequiores se, quanto magis ad resistendum tante occasioni perditionis animarum, videns omnia presentia, omnia preterita rememorans, sciens et prudens conjecturare de preterito et presenti in futurum, ad impediendum propositum hujus operis, multitudinem vel quasi suum exercitum congregabit? Cujus exercitus demonum omnibus persuasionibus, impedimentis, et temptationibus, difficile multum erit oviare ; sed, ut supra tactum est, non erit impossibile. Quoniam ipse Sathan (qui pater mendacii censetur et omnes mendaces filii ejus, sicut Deus veritas et veraces, in quantum tales, filii ejus) mentiri poterit multiphariam suadendo prelatis per argumenta apparentia solubilia, per mendacia decipiendo ipsos, sicut decepit primos parentes nostros. Certum est quod hec materia moralis est; idcirco vera conclusio per demonstraciones ostensivas probari non potest[1]. Generales leges primo fieri consueverunt ; et cum sequitur absurditas vel inconveniens quodcunque nocivum in casu speciali sub legis generalitate vel regula contento, consuevit fieri jus speciale derogans generali; similiter cum absurditas vel aliud malum evidens sequitur generaliter ex observancia legis vel canonis generalis, per eum qui potestatem habet ad hec consuevit et debet fieri jus generale totaliter arrogans. Primum sic ergo lator supremus canonum statuere de novo poterit que petuntur favore Sancte Terre totiusque salutis reipublice catholicorum.

---

1. Cf. le *De abrev.*, fol. 28 : « Hec enim materia moralis non ex necessariis principiis, set probabilibus procedens, argumentabilis est secundum facundiam ipsam tractantium... »

[XXXII] **50.** Statum autem prelatorum religiosorum similiter expedit reformari ; primo, ut prelati omnes obediencias et officia rerum temporalium in suis manibus teneant, auferant a monachis, per ydoneas seculares personas faciant administrari quas eligant cum consilio trium vel quatuor monachorum suorum, pre ceteris prudentium et expertorum. Item petatur statim quod prelati religiosi sua temporalia, per que consueverunt interdum occupari circa forensia, et in sua contemplatione impediri, tradant in perpetuam emphiteosim, sicut et seculares prelati, etiam multo fortiori ratione.

Il faudra faire subir au clergé régulier le même sort qu'au clergé séculier.

51. Ad quam traditionem in emphiteosim perpetuam faciendum, seculares et religiosi prelati si dicant esse dampnosam, poterunt induci per imperatores, reges et principes, qui bene respici faciant et ostendant magnam partem suorum proventuum, reddituum et exituum terrarum suarum se impendere quolibet anno suas terras regendo, defendendo, justicias et sua judicia faciendo. Audivi quod cum regni Navarre redditus ac proventus annui quinquaginta milia librarum turonensium parvarum annuatim valerent, rex Francorum, quia per alios regebat, deductis impensis et honeribus regiminis et custodie, vix inde quinquaginta milia solidorum habebat.

Argument persuasif : rien n'est plus coûteux que l'administration temporelle. Exemple tiré du budget des recettes du royaume de Navarre.

52. Si quis dicat regibus et principibus quod : « Quilibet vestrum jus quod contra prelatos statui requirit, ipse eodem jure utatur ; vos ergo primo temporalia vestra taliter tradatis, exemplum ut sic faciant dantes prelatis ; alias, super hoc silentium habeatis ; » responderi potest quod, sicut prelati se non possunt exhonerare, regimen spiritualium aliis assignando, sic est de principibus respectu temporalium. Nam sicut ecclesiarum bona data sunt et commissa prelatis propter regimen animarum omnimode subportandum, sic temporalia data sunt et fuerunt principibus, ut pacem ubique suorum locorum custodiant, defendant, quibuscunque malis resistant, judicium et justiciam faciant, bonos ubique remunerando,

Pourquoi les princes temporels ne peuvent pas s'en décharger, tandis que les princes ecclésiastiques le peuvent.

malos puniendo, corrigendo ; et cum principes, maxime qui non recognoscunt superiores in terris, quoad sua temporalia, justiciam habeant et consueverunt facere de suis justiciariis delinquentibus severiorem quam de aliis quibuscunque; et cum expediat ob leves causas eos ab administrationibus amoveri ad instar monachorum, ut propter timorem amotionis et penarum que per correctores et inquisitores summarie procedentes infliguntur, que non possent sic de facili contra perpetuo possidentes alias fieri ; idcirco talia committere magis expedit ad tempus modicum quam in perpetuum, ut facilius puniantur, et ob leviores causas cum minori informatione, et frequencius amoveantur.

Sed quantum attinet ad prelatos longe expediencius est eos judicare per alios quam per se ipsos, et alia que ad hec pertinent facere : nam facilius contra alium possidentem pro prelato fient probationes quam contra prelatum immediate. Prelati etiam multi in multis contendunt se propter sua facta personalia non posse per temporalium principes de felonia, nec non super quibuscunque factis personalibus puniri.

53. Item contra alios possidentes loco prelatorum, facilius invenietur consilium quam contra ipsos prelatos ; aliique magis timebunt expensas, penas, et amendas.

Preterea principes nisi circa regimen suorum subditorum essent occupati remanerent occiosi ; et sic presumitur quod frequentius bellis et factis venereis occiosorum vacarent ; que mali occasio non est querenda, eligenda, sed vittanda.

Suppression des prieurés non conventuels. [XXXIII] 54. Item statim petatur quod omnes monachi, in locis et monasteriis non conventualibus morantes, ad abbacias revocentur ut ibi religiose vivant ; sed, ne minuatur cultus divinus locorum, in eorum capellis singulis singuli capellani constituantur, qui victum habentes modestum ibidem officia divina singulis diebus celebrent.

55. Item de bonis hujusmodi prioratuum trium vel qua- sous certaines réserves. tuor, si abbacia non habeat forensem prioratum conventualem sufficientem, ad mutandum interdum habitationem monachorum ob aliquas causas locales in abbacia minus bene conversantium, constituatur unus prioratus conventualis cum tenui victu monachorum, ut monachi timentes illuc mitti melius conversentur in abbacia sua propter timorem habitationis tenuis prioratus.

56. Si vero abbacia non egeat prioratu tali conventuali, tunc prior et monachi tam modicorum prioratuum ad abbaciam mittantur, in claustro Domino servituri.

De bonis prioratuum dimissorum assignetur abbaciis quatinus vere tot monachi per annum impendent; sic divinum servitium augebitur, meliori modo fiet; abbatie resumentes suos filios fluctuantes et vagantes extra claustra temporaliter non gravabuntur, majoremque sollicitudinem spiritualium perditionum et longe pauciora pericula sustinebunt abbates et alii prepositi.

Sic omnia bona monasteriorum erunt in manibus et potestate unius, videlicet presidentis in eis, qui non timebit corrigere et compellere filios ad observanciam regularem, propter thesauros in eorum loculis juxta dampnabilem ritum hactenus observatum reconditos, per quos tendere et insurgere solebant ad abbatum depositionem, contra ipsos provocando, appellando, plurima bona monasteriorum in hoc consumendo, et plura in loculis extra monasteria recondita, cum animabus deponentium et depositariorum frequenter perdendo. Que gravia dampna spiritualia et temporalia notoria, scribentem hec, qui plura magna salaria de talibus bonis receperat recepturusque presumitur[1], si actor vite longevam ei vitam permittat, propter bonum commune moverunt ad hoc cogitandum et scribendum.

---

1. Cf. § 100.

[XXXIV] **57.** Quid ergo, premissis deductis, fiet de residuis bonis hujusmodi prioratuum ? responderi potest quod, secundum statuta sanctorum Patrum, clerici religiosi et seculares non sunt domini rerum ecclesiarum sed solum administratores; ex eis possunt ab institutione Ecclesie percipere victum, vestitum, et alia neccessaria ad procurationem vite; totum residuum pauperum est et pauperibus debetur; quidquid ab administratoribus in prejudicium pauperum retinetur, ad alios usus applicatur, contractatur in prejudicium Christi pauperumque suorum qui sunt ejus membra, furtum est, rapina est, sacrilegium est.

Constat quod isti priores forenses et fere omnes clerici de residuo isto bonorum ecclesiarum et monasteriorum plurimum abusi sunt ; et idcirco finaliter debent amittere privilegium seu verius loquendo facultatem de bonis hujusmodi secundum suas voluntates saltem finaliter ordinandi. Idcirco, ut non tanta thesaurizent seculares, maxime in prejudicium pauperum, quos frequenter juxta thesauros eorum vident, et non miserentur, fame et frigore pereuntes.

Petatur per concilium statui quod major pars bonorum decedentium predicte previsioni Terre Sancte et sequenti, que tendit ad reformationem et unitatem veram totius reipublice catholicorum, misericorditer applicetur una cum residuo bonorum dictorum prioratuum, quod videtur fieri posse commodissime per viam infra scriptam. Quod autem neccessitas et evidens utilitas tante nove provisionis, alias forte minime cogitate, sit, videtur declarari posse sic.

[XXXV] Supra tacta sunt ea que ad esse recuperationis et conservationis Terre Sancte requiruntur, sed non est provisum nec tactum de hiis que ad bene esse habitatorum ejusdem terre requirentur.

Si enim habitatores illius terre male vivant, juxta id quod scriptum est : *Loca non sanctificant homines, sed homines sanctificant loca*, quomodo durabit regnum et potestas male conversantium, si homines quasi ex omnibus mondi partibus ibi congregati male vivere incipiant, et assuescant talem modum vivendi, consuetudini que est altera natura quoniam naturam alterat, non emendationi, deputando ? Ad hoc malum declinandum expediet quod quilibet de sua lingua peritum ibi et bene litteratum reperiat confessorem, anime medicum.

58. Item et medicum corporis interioris et exterioris; periti et experti in talibus vix et raro reperiuntur apud nos ad remanendum ; tales apud nos cito ditarentur, non transirent illuc ad sufficienciam quoniam nec nobis sufficiunt.

[XXXVI] 59. Item presidentibus regno Jerusalem expediret habere secretarios multos fideles, peritos, qui linguas Arabum, scripturas eorum, et alia mondi ydiomata cognoscerent[1]. Fertur quod in partibus Orientis sunt quidam populi catholici, ecclesie romane non obedientes, ab aliquibus articulis fidei quos tenet ecclesia romana discordantes, quorum summus episcopus cui omnes, sicut et nos romano, obediunt, vocatur pentharcos[2], qui nongentos habet sub se episcopos, et sic, ut dicitur, plures haberet sub se quam do-

De l'utilité de la connaissance des langues orientales,

---

1. L'idée de créer en Occident un enseignement des langues orientales et de former un corps d'interprètes cultivés apparaît dès la première moitié du XIIIe siècle ; cf. une bulle d'Innocent IV (22 juin 1248) au chancelier de l'Université de Paris : « Quosdam pueros tam in arabica quam in aliis linguis orientalium partium peritos Parisius mitti disposuimus ad studendum ut in sacra pagina docentes vias mandatorum Domini eruditi alios in ultramarinis partibus erudiant ad salutem » (*Chartularium Universitatis Parisiensis*, Paris, 1889, in-4°, I, 212). Voy. Ch. Jourdain, *Un collège oriental à Paris au XIIIe siècle*, dans *Revue des Sociétés savantes*, 2e série, VI, p. 66. Sur les projets de Raimond Lulle en cette matière, v. *Histoire littéraire*, XXIX, 11, 47. Cf. Roger Bacon dans l'*Opus tertium* (éd. Brewer, p. 95).
2. Dubois cite encore ce *pentarcos* dans une de ses pièces contre Boniface (ci-dessous, p. 49, note) et dans une de ses pièces contre les Templiers (*Notices et Extraits*, l. c., n° XXVIII : « Greci et Penthar os climatis orientalis, cum nongentis episcopis et eorum populis baptizatis eis subjectis) » — « Le mot *pentarchos*, dit M. Renan (*Histoire littéraire*, XXVI, 502), est évidemment le mot arabe *batrak* ou patriarche, par lequel on désigne tous les grands chefs d'églises indépendantes en Orient. Le *pentarcos* de Dubois est probablement le patriarche des Nestoriens ou Chaldéens ou Syriens orientaux, nommé par excellence « patriarche d'Orient. »

minus papa ; quos episcopos cum eorum populis, aliosque plures ab observancia et obediencia ecclesie romane dissonantes, expediret eidem ecclesie uniri et obedientes fieri et cum ipsa communicare ; quod non posset esse nisi ecclesia romana plures bene literatos in eorum ydiomate haberet, per quos eis scriberet ; nec Terra Sancta et ei presidentes succursum eorum et communionem quoad res posset habere, nisi similiter haberent plures bene literatos in ydiomatibus eorum. Ad hec enim, ut ait Plato : *Vobis datus est sermo, ut per ipsum presto fiant mutue voluntatis judicia.*

Si enim voluit Dominus, et expedit romanum pontificem, vicarium suum, Petri locum tenentem in terris, fore caput universalis ecclesie omnesque sibi obedire, prout sanctorum Patrum statuta declarant ; per consequens voluit et vult Dominus omnia ad hec necessaria et conferentia provideri; alias non esset sua voluntas perfecte ordinata ; cujus contrarium esset hereticum dicere.

et des drogmans en Orient. Quomodo ergo romanus pontifex, qui linguas horum non novit, qui ipsos loquentes intelligere non potest nec ipsi eum, eos attrahet ad unitatem et obedienciam ecclesie romane ? Quomodo amovebit errores a cordibus eorum, nisi per aliquos interpretes prudentes, fideles, qui prius utriusque linguam intelligant, mutuas voluntates explicent ; respondere tam rationabiliter sciant ad objecta barbarorum, quod eorum opiniones erroneas destruant ; per inconvincibiles rationes eos moveant et attrahant ad veritatem professionis christiane.

Sunt etiam et erunt multa alia ad hoc conferentia que in sequentibus apparebunt, et per sequentem provisionem, agente Domino, finaliter non subito poterunt optineri.

Romani enim pontifices, quando ad tante dignitatis apicem vocantur etate provecti, propter curam tanti gregis sibi commissam plurimum occupati, nullo modo possent ydiomata talium addiscere ; et si scirent non irent ad illos, nec illi venirent ad eum[1]; nec tales interpretes parati sunt, nec

---

1. Dans sa *Supplication du pueble de France au roy* contre le pape

inveniri possent pro omnibus mondi thesauris, nisi de longe provisi; qui forte temporaliter non proderunt provisionem inchoanti, ad instar Moysi qui Terram promissionis non vidit, et tantum, prout scriptum est, et ultra super ejus conquestu laboravit. Non propter hoc obmittat summus pontifex provisionem salubrem inchoare. Si Dominus propter peccata morbos infert et mortem premittit, fortiori ratione pater misericordie propter bona desiderata et intenta vitam prolongabit inchoantis. Nonne scriptum est: *Discite ut semper victuri, sed vivite ut cras morituri.*

[XXXVII] 60. Propter hec autem et alia bona innumerabilia optinenda, que omnia previderi et scribi non possent, velit statuere sanctissimus pater dominus pontifex romanus Clemens quintus, veram christiane religionis que per operas hominum subito procurari non posset appetens unitatem, ea que sequuntur, operante Dei misericordia feliciter augmentanda, perficienda, mutanda, prout sibi suisque prudentibus, statum mundi plenius cognoscentibus, visum fuerit opportunum. Videlicet quod in qualibet provincia, secundum locorum facultates in hoc applicandas, populorum multitudines, in locis hujusmodi prioratuum Templariorm velut Hospitalariorum, que ad hec magis fuerint opportuna, sta-

Projet de création d'écoles d'interprètes (garçons et filles) dans les prieurés d'outre-mer du Temple et de l'Hôpital.

Boniface (vers septembre 1304), Dubois avait déjà énoncé ces idées, en faisant un crime à Boniface de n'être point polyglotte (Bibl. nat. lat. 10919, fol. 103, c. 2): « Onques par soy ne par autre ne regarda ne n'ensegna la centiesme partie de la gent du monde. Il estoit greigneur besoing que il [seu]st Arabic, Caldei, Grieus, Ebrieus, et touz autres lenguages, desquelx il y a moult de crestiens qui ne croient pas comme l'eglise de Rome pour ce que eux n'ont esté de ce ensegnié, si comme le Pentarcos devers Orient, neuf cens evesques que il ha sous li pres de tous les Grieux, et pluseours autres desquex ensegnier il laissa la cure..... Sé celi qui par miracles ne pooit donner les lenguages eust fait aprendre eu tous les lenguages de lettres tan d'escoliers bien disposez pour aprendre que il soffisissent pour envoier a tous les puebles preeschier la foi crestienne, et se eus n'eussient assez seu pour ce fere a sa vie, ses successeur les y eussent envoiez, en parfesant ce que il eust comencié, ansi come Moises commença le conquest de la Terre Seinte, et si ne la vit onques. »

Pierre Dubois. 4

tuantur duo vel plura studia puerorum et fere totidem puellarum, qui eligantur ut ibidem instruantur in etate quatuor vel quinque annorum ; eligantur videlicet per aliquem sapientem philosophum, dispositionem naturalem verisimilem ad perficiendum secundum doctrinam philosophicam cognoscentem. Ad hec assumantur nobiles utriusque sexus, si et quatenus invenientur ; postmodum alii qui continue doceantur, secundum formam infra scriptam, per prudenciores mutandam, perficiendam et augendam. Qui sub tali lege assumentur quod nonquam de cetero parentibus suis reddentur, nisi omnes impensas propter eos factas pre manibus reddiderint. Alii de studio in studium mittentur et demum in Terram Sanctam et in alias regiones, prout sancta romana ecclesia per deputatos ad hoc duxerit ordinandum. Qui studentes et eorum doctores vivent de bonis dictorum prioratuum et de bonis predicte provisionis Terre Sancte, prout magistri provisionis, a metropoli locorum cum consilio peritorum suffraganeorum electi, melius viderint expedire.

Du cours d'études qu'on y suivra. 61. Isti omnes primo in lingua latina, in tantum quod eam sufficienter intelligant, vel ante paulatim *(sic)* instruantur ; postmodumque plenius quidam eorum in lingua greca, alii in arabica, et sic de aliis ydiomatibus litteratis, maxime vero catholicorum, ut demum per istos, in loquendo et scribendo secundum linguas omnium instructos, communicare possit per ipsos ecclesia romana ac etiam principes catholici cum omnibus hominibus, ipsos ad fidem catholicam et unitatem ejus capitis attrahendo. Ex nunc assumantur juvenes in gramatica instructi, in quo juniores preferantur ; si sint aliqui in logica instructi, tanto meliores ; quorum aliqui cito in articulis fidei, et sacramentis, Veteri et Novo Testamento instruantur ; ut instructi, quam primum erunt apti, mittantur in dictam Terram propter curam animarum gerendam, ut ad sacerdotium promoveantur ; de ipsis ecclesiis et populo provideatur. Alii instruantur in medicina, alii in cerurgia tam hominum quam equorum, per quos exercitui totique populo utriusque sexus poterit subveniri.

[XXXVIII] Puelle in medicina et cerurgia cum anteceden- *et spécialement de l'enseigne*
tibus ad hec neccessariis instruantur; iste sic instructe, *ment des jeunes filles.*
scribere scientes, adoptabuntur in filias et neptes, videlicet nobiles et alie prudentiores, apte corporibus et formis, majorum principum regionum suarum, Terre Sancte et aliarum proximarum, ut convenienter possint majoribus principibus, clericis, et aliis ditioribus Orientalibus in uxores dari; sic ornate ad impensas dicte provisionis quod credantur principum filie; quas impensas maritate majoribus etiam omnibus promittant reddere viventes, si poterunt, provisioni predicte; et si non, vel quatinus non morientes *(sic)*, ut provisio sine mensura taliter augeatur. Expediret multum prelatos et clericos orientales qui uxores habent, et qui beneficio matrimoniorum[1] cum Romanis et aliis occidentalibus renunciare minime voluerunt, tales uxores habere; per quas sic litteratas, articulos et sacramenta more romano credentes, liberos suos et maritos ad sic tenendum, credendum, et sacrificandum contingeret informari longe forcioribus rationibus et occa-

---

1. Dubois était un adversaire déclaré des vœux de continence imposés au clergé. Le passage du *De abreviatione* où il expose ses vues à ce sujet mérite d'être rapporté ici intégralement (fol. 29 v°) : « Apostolus dicit: *Unusquisque suam habeat uxorem propter fornicacionem evitandam, sic caste vivendo.* Apostolus nullum excipit cum dicit *unusquisque* quia qui *omne* dicit sic dicendo nichil excipit. Sancti Patres qui senes erant vel decrepiti plures, quibus non erat forte difficile fornicacionem fugere et ab omni consortio mulierum abstinere, dixerunt : « Perpetuam continentiam vovemus, et statuimus omnes ad sacros ordines promovendos simile votum facturos et servaturos ». Sub pena peccati mortalis sacrorum ordinum receptionem, adeptionem utentibus consortio conjugum prohibuerunt, tales repulserunt. In veritate fornicatores, adulteros et incestuosos silentes verbisque se profitentes continentes, licet suis factis contrarium ostendentes, simulationem et ypocrisim amplectantes, non recusant. Ymo satis sciunt hodie prelati quod ipsi plerumque tales admittunt. Hodie videmus quod omnes promoti continentiam vovent et predicant tenendam, pauci tamen tenent et observant eamdem, ut sint et se doceant fore de illis de quibus loqutus est Dominus : *Super cathedram Moysi sederunt*, etc..... Experto crede magistro, sicut sunt hodie Predicatores et Minores qui pre aliis mundi statum in diebus nostris cognoverunt ».

<small>Du rôle des femmes dans la Terre Sainte reconquise.</small> sionibus illis, que per consilium mulierum induxerunt Salomonem, summum sapientem, ad ydolatrandum. Iste propter terre natalis affectionem procurarent multas puellas de hujusmodi provisione studiorum cum filiis suis et aliis terre majoribus maritari, presertim cum clericis ad prelationes assumendis; iste capellanos haberent, secundum ritum romanum celebrantes et cantantes; incolas illorum locorum ad ritum romanum per hoc inducentes paulatim, presertim mulieres quibus iste per exercitium medicine et cerurgie subvenirent, presertim in secretis infirmitatibus et neccessitatibus earum; contingere non posset verisimiliter quin iste nobiliores et ditiores aliis matronis, medicine et cerurgie ac experimentorum que sciri possent ubique noticiam habentes, matronas earum consiliis indigentes, prudencias earum sibi proficuas admirantes, propter hec eas diligentes, fortiter attraherent ad communicandum cum ipsis, delectandum et conveniendum in articulis et sacramentis.

<small>D'une école supérieure, placée au sommet de la hiérarchie des écoles de langues.</small> [XXXIX] 62. Item quicunque papa futurus pro tempore, cum tales in ydiomatibus catholicorum orientalium esse possent instructi, prope curiam haberet eos tales eleganter litteratos, per quos scriberet prelatis et aliis majoribus illarum regionum; qui sapientes Greci de facili sic possent haberi. Quoniam cum in studiis remotioribus essent plures in greco et latino bene fondati, illi qui pre ceteris ad proficiendum viderentur bene dispositi magisque dociles eligerentur ad studendum, audiendum et postmodum legendum, quidam in jure civili et canonico, alii in astronomia, aliisque scienciis mathematicis et naturalibus, alii in theologia, alii in medicina; quarum scienciarum essent studia ferventia ab invicem separata, ne se invicem impedirent per invidiam, aut alias, nam ut ait Philosophus in sua Rhetorica : *Philosophi naturaliter sunt invidiosi.* Tunc si papa propter causas arduas, ad terram Grecorum, et idem intelligo de aliis ydiomatibus et terris, mitteret aliquem legatum, simul mitteret cum ipso peritissimos in qualibet sciencia duos vel

plures, qui peritiores de illa terra, disputando, consulendo, conferendo, et modis omnibus superarent; ut non esset qui posset sapiencie romane ecclesie resistere. Ab utentibus ratione commendaretur et timeretur in partibus orientalibus Romanorum sapiencia, sicut regina Austrie commendavit sapienciam Salomonis.

[XL] 63. Per hujusmodi studiorum provisionem, instructorum utriusque sexus ad partes orientales transmissionem, contingeret nobis occidentalibus communicari res preciosas, in partibus illis habundantes, nobis deficientes et apud nos carissimas, satis pro modico nobis communicari, mondo catholicorum ordinato. Quecunque siquidem res mondi, licet quoad nos raro inveniantur, preciose et care reputantur, in aliquibus locis multum habundant et viles in eis reputantur.

<small>Ces écoles donneront aux chrétiens l'empire du monde.</small>

Si queratur hujus rei causa, responderi potest sicut respondet Philosophus, de causa situationis quatuor elementorum quod : *ita res suas disposuit in hoc mondo, non sine causa, Deus gloriosus et sublimis, qui omnia in mondo inferiori existentia fecit propter hominem et nichil frustra ordinavit.*

Si enim homo in hoc mundo omnia desiderata per ipsum haberet pro libito voluntatis superbiendi desiderandique, hic inferius semper manere, non ad superiorem patriam convolandi desiderium haberet, suum appetitum in rebus infimis figendo ; et sic homo non esset ordinatus quia se non ordinaret ad suum Creatorem. Nonne bene dixit Boetius : *Solum illud est et debet reputari esse in mondo quod tenet ordinem servatque naturam.* Idcirco dixit quod mali homines non sunt et quod peccatum nichil est : ex quo concludebat ille prudentissimus frater Thomas de Aquino, ut audivi in quodam suo sermone, sic : *Quicunque peccatum faciens servus est peccati ; sed quicunque servus minor est quam dominus ; et peccatum nihil est ; ergo quicunque peccator minus est quam nichil.* Sic autem Philosophus ait :

Mondus est unus unitate ordinationis sicut exercitus. Exercitum autem unum facere per unitatem finis ad quem tendit, qui est victoria, principaliter pertinet ad ducem et principem exercitus; similiter totum mondum unum facere principaliter pertinet ad ejus monarcham.

[XLI] Modo non est homo sane mentis, ut credo, qui estimare verisimiliter posset in hoc fine seculorum fieri posse quod esset totius mondi, quoad temporalia, solus unus monarcha qui omnia regeret, cui tanquam superiori omnes obedirent; quia si ad hoc tenderetur, essent guerre, seditiones et dissensiones infinite; nec esset qui posset eas sedare propter multitudinem populorum, remotionem et diversitatem locorum, naturalem inclinationem hominum ad dissenciendum; licet aliqui vulgariter vocati fuerunt mondi monarche, tamen postquam regiones fuerunt de hominibus populate, non credo quemquam fuisse cui omnes obedirent. Non legitur, ut credo, occidentales citra Greciam habitantes etiam regi Alexandro subjectos fuisse nec ejus imperio paruisse[1]. Sed verisimile est quod in spiritualibus possit et debeat esse princeps unicus et monarcha, qui spiritualiter percutiat et distringat usque ad orientem, occidentem, austrum et septentrionem; quod non video posse contingere, nisi facta provisione notionis linguarum, modo prescripto seu meliori. Nam et ipse Dominus, qui omnia novit et in figuris et parabolis ac similitudinibus aliis docuit, nobis relinquens exemplum, apostolis suis et discipulis euvangelium omnibus populis predicaturis noticiam dedit omnium linguarum et sapientie predicandi, dicens[2]: *Cum veneritis*

---

1. Cf. la *Deliberatio* dédiée par Dubois à Philippe le Bel : « Licet cronice, scripture dicunt primo Indos, secundo Assirios, tercio Grecos et quarto Romanos mundi monarchiam tenuisse, intelligunt de majori parte mundi, non de toto, quia expresse dicunt Alexandrum ultra Greciam super Orientalem et Babylonicam mundi partem principatum tenuisse et Romanos eidem obedire recusasse » (Dupuy, *Preuves du Différend...* p. 45, collationné sur Bibl. nat. lat. 10919, fol. 4 v°, c. 2). Comparez ci-dessous § 70, p. 58.
2. Matth., X, 18-19.

ante reges et presides nolite cogitare quomodo aut quid loquamini ; dabitur enim vobis.

64. Non fuit, nec est, nec erit alius ab ipso qui tantum munus, tantam graciam potuerit nec possit donare ; ipsi soli taliter reservatur potestas quecunque miracula faciendi. Quoniam ei nichil est impossibile quod esse possit secundum rerum naturam ; quoniam non potest facere quod aliquid sit ens et non ens simul, hoc est, quod due contradictorie propositiones sint simul vere, idem in contrariis, quantum ad veritatem ; nec non et quod omnes creature que sunt et fuerunt per se non possent minimum facere miraculum, sic Deus omnipotens miraculose dedit predicatoribus quos elegit et misit per universum orbem noticiam omnium linguarum, et potestatem loquendi secundum eas ac si nati fuissent de singulis regionibus, ad hunc finem quod procurarent omnes baptizari et credere, et Petro principi Apostolorum obedire, omnium credentium unam faciendo rempublicam.

<small>Du don des langues.</small>

65. Quare successor Petri, Christi vicarius et pre omnibus imitator, qui non potest subito miraculose dare sciencias, noticiam linguarum et facultatem secundum quamque loquendi non providebit, ex quo ostenditur ei non solum possibilis immo sibi facilis, non sumptuosus, parumque, quoad ipsum, laboriosus modus faciendi de discipulis linguas omnium scientibus et intelligentibus ac loquentibus, ut mittantur ad predicandum ; et cetera subsidia illis quibus predicabunt expediencia non solum quoad animas immo etiam quoad corpora faciendum ? Ad que medicina et cerurgia precipue expediunt ; cujus provisionis et previsionis actori et ordinatori creditur, licet non perficiat et attingat ad finem intentum perfecte unionis christicolarum in fide et obediencia, summam remunerationem eternaliter faciendum, divina misericordia principium, medium et finem operis consummante.

66. Propter quod impetrandum pro actoribus hujus provisionis et benefactoribus, in studio quolibet ejusdem, diebus singulis unum legi psalterium, a quolibet suam partem que modica erit, statuatur. Item missam unam pro vivis, et aliam pro defunctis; ut actores et quicunque benefactores, viventes et post mortem, diurnam remunerationem expectent.

<small>Avantages économiques que l'on a le droit d'attendre de la fondation de ces écoles. Épices et produits de l'Orient.</small>

[XLII] **67.** Hujus vero provisionis erunt, et ab ipsa per eamque procedent commoda temporalia, que plus longe proderunt communitatibus regionum, de quarum bonis fient impense, quam prodessent hujusmodi bona si etiam fideliter, quod vix aut nunquam contingeret, pauperibus erogarentur; communiter considerata pauperum moderna multitudine copiosa, penuriaque specierum et aliarum rerum orientalium quam patimur, que communicabuntur omnibus catholicis pro preciis moderatis; quod sine cujusquam gravamine fieri poterit, quoniam cessabunt plurima solita pericula et impedimenta maris et terrarum; sedatoque per Dei graciam incursu hostium Terre Sancte, presidens eidem, cum ejus navibus de bonis ipsius poterit precipere et curare citra mare portari, comparari species et alia bona, et illuc de bonis nostris reportari mandarique precia rerum emptarum, sumptus portandi, ut taxentur precia rerum singula, propter oviandum cupiditati crescenti cotidie mercatorum.

68. Item dominus papa, cardinales et majores prelati, nec non reges et principes regionum in quibus erunt studia et abbacie, de quarum bonis pro parte fondabuntur, per discipulos hujusmodi provisionis habere poterunt non solum species, sed quascunque res caras et preciosas quas de regionibus Orientis habere desideraverint, sibique expedierit, quasi pro nichilo, respectu veteris caristie.

[XLIII] Quid plura scriberem commoditates hujusmodi provisionis, si bene velint uti cum distributione debita actores et discipuli ejusdem? Per unum solum viventem previderi omnes, scribique non possent, ad instar ejus quod ait Philosophus: *Augentur autem demones non per media, sed in post assumendo et in latus.*

69. Forte majoribus Saracenis quibus alii injuriantur, guerras movent, auferunt terras suas, alia bona rapiunt, poterunt dari uxores perite provisionis istius, salva fide earum, ut non communicent cum eorum ydolatria; per quas cum auxilio Dei et discipulorum predicantium, et ut subsidium habeant a catholicis, quia de Saracenis non possunt confidere, poterunt ad fidem catholicam induci et perduci; paulatimque poterit apud ipsos nostra fides publicari; quod plurimum appeterent eorum uxores, eo quod quilibet ipsorum multas habet; vitam enim ducunt omnes divites et potentes intra ipsos luxuriosam, in prejudicium uxorum, quarum quelibet vellet habere solum magis (nec est mirum) quam quod septem vel plures uxores non haberent nisi unum. Idcirco generaliter prout a mercatoribus qui frequentant eorum terras audivi quod mulieres illius secte de facili multum moverentur ad nostram, ut quilibet vir haberet uxorem unam tantum.

[XLIV] 70. Per pacem enim et concordiam generalem omnium catholicorum ecclesie romane parentium, modo prescripto firmatam, nec non per guerrarum et litium infra scribendam abreviationem[1], tamquam per causas ordinatas agente rerum omnium conditore, sequitur catholicos longe plus quam hactenus fuerunt futuros esse virtuosos, litteratos, locupletes, longeviores, ad subjugandum barbaras nationes potentiores; qui acum inter se guerras non haberent nec se timerent habituros, propter immensitatem penarum amittendi terras natales[2] cum bonis, idcirco verisimile est quod se invicem diligentes principes catholici, simul confluerent seu

---

1. Cf. ci-dessous § 91 et suiv.
2. Bongars: *vacales.*

saltem undique mitterent contra infideles innumerabiles exercitus pugnatorum, in acquirendis terris mansurorum ad perpetuo servandum easdem ; sic plus quam paulatim respublica catholicorum obedientium ecclesie romane fortiter augeretur, contra alios omnes rempublicam unam, et affectionem, amorem et caritatem ad Deum et proximos non habentes. Ad quod multum conferret si philosophie studium in tota nostra republica fortiter augeretur ; nam si flos milicie hactenus secuta est studium de regno in regnum, ut de Indis ad Asirios, et de Asiriis ad Grecos, de Grecis ad Romanos, de Romanis ad Citramontanos, prout legimus per hystorias antiquorum, ergo si secta catholicorum unam in omnibus regnis et locis faciat rempublicam, et studium suscitet in omnibus locis ad hoc aptis, sequi deberet hic effectus quod hec respublica mondi monarchiam, ex nunc in posterum augendo, processu temporis optineret ; quod quoad spiritualem obedienciam, non temporalem, speratur et apparet verisimiliter obventurum.

[XLV] 71. Quod autem in modico tempore possint et debeant scolares hujus provisionis valde plus ceteris, et expediat proficere, potest sic declarari concitando peritos et expertos provisionis doctores, ad proficiendi modum, artem, experienciam et studium augmentandum. Eligantur pueri quatuor, quinque vel sex ad plus annos habentes, ad proficiendum capita bene figurata et disposita, nunquam ad suos parentes nisi de licencia provisionis reversuri; quorum centum vel plures instruantur in uno loco ad hoc bene disposito, primo in lectura Psalterii, postmodum in tertia parte diei in cantu et pertinentibus ad hoc ; in aliis diei partibus successive in Donato, more romano confecto, in accidentibus, declinationibus, et successive in aliis gramaticalibus[1]. Puer cum audiet librum Cathonis et alios minutos actores, quatuor

---

1. Voy. L. Dorez, *Donat*, dans les *Positions des thèses des élèves de l'Ecole des chartes*, Chartres, 1891, in-8°, p. 7.

lectiones habeat in die magnas, prout ingenium poterit sustinere, super quibus non sumpniet. Audiat primo doctorem legentem, post alium repetentem; post quem statim toties repetat quod scire videatur ; declinationes et regimina vocum dicantur eidem primo, postmodum repetat cito super quolibet interrogatus; regimina dicantur eidem in hyeme; solum de nocte latinum faciat; quod cum aliquantulum facere ceperint, semper loquantur latinum, se in hoc omni loco et tempore assuefacientes. Post aliquos minutos actores audiant Bibliam pueriliter ter vel quater in die, de hystoriis ejus et poetriarum tantum per ordinem latinum faciant, quod non scribant nisi rudes. Cum incipient diebus primo construere solempnibus construatur eis Gradale, postea Breviarium, non Missale nisi in Biblia; constructo Breviario, construatur eis Aurea Legenda Sanctorum, et hystorie poetarum prosaice et breviter extracte; super hiis hystoriis que proderunt eis in futurum, non superfluis solitis, materias faciant, seu, quod proprius est, latinizent; tunc nichil amittent de tempore occioso, prout hactenus factum est; omnes materie quas facient perpetuo sibi proderunt. Cum totam Bibliam audierint, repetant eam quilibet in die ad minus sexternum unum ; similiter de hystoria Sanctorum ; et poetarum versus planos tantum modico tempore faciant. Demum cum debebunt audire logicam, in tribus mensibus estatis omnes poetrias audiant; videlicet prima die Cathonem, secunda Theodolum, tribus sequentibus Tobiam, et sic de aliis; qualibet die per duos doctores sex audiant lectiones, quas fere totas per se possent videre, prestitis hystoriis et figuratis vocabulorum communium. De talibus scripturis ubi non queritur nisi ordinatio et notio figuratorum, potest quilibet juvenis, statim cum incipit proficere tantum, videre et legere sicut de uno romancio. Quolibet tempore anni de die et de nocte, deducta partitione sompno dedita, circa hec continue laborantes, bene dispositi ad proficiendum, infra decimum etatis sue vel saltem undecimum annum, alii infra duodecimum ad minus, hec, dante Domino, scienciarum omnium poterunt peregisse. Inter que premissa, pueri, prout eorum doctores viderint expedire, Doctrinale audiant, quatinus attinet ad declinationes nominum et verborum, et ultimo Grecismum, ita quod sensum litteralem breviter comprehendant, in solempnitatibus aliis nullatenus insistentes[1].

Enseignement secondaire et supérieur. Nécessité de composer des manuels et des abrégés.

[XLVI] **72.** Quibus sic peractis pueri mutent locum, et in alio studio in logicalibus incipiant doceri, simulque in greco, arabico vel alio ydiomate quod provisores duxerint eligendum, in lectura cujus ydiomatis novi, in figuratis vocabulorum et ordinatione illorum, quoad gramaticalia, primo doceantur; in logica tractatus audiant, et summulas ob eorum expositionem confectas ; procuretur quod per aliquem in hac arte sapientem extrahatur eis breviter et plane ars in quolibet libro logicali per Philosophum obscure tradita et subcinte ut post tractatus illam artem brevem, scriptorum expositione non egentem, audiant bis vel ter in modico tempore, postmodum libros audiant semel sollempniter. Quod sic perfici deberet infra quatuor decimum annum. Tunc incipiant audire naturalem scienciam, propter cujus prolixitatem et profunditatem, expedit *Naturalia* fratris Alberti, continencia prolixe totam intentionem Philosophi cum multis additionibus et digressionibus[2], quantum magis

---

1. Il est inutile de définir ici le *Doctrinal* d'Alexandre de Villedieu, le *Grécisme* d'Evrard de Béthune, etc. Ce sont les livres classiques des écoles du moyen âge (*Notices et extraits des manuscrits*, XXII, 2ᵉ partie: *Extraits pour servir à l'histoire des doctrines grammaticales au moyen âge*, par M. Ch. Thurot). — Theodolus avait mis en vers latins les miracles de l'Ancien Testament (Cf. *ibid.*, p. 425, n. 2).

2. On voit que Dubois ne paraît point avoir partagé le mépris professé par Roger Bacon pour Albert le Grand ; il inscrit côte à côte les noms de ces deux adversaires, en véritable éclectique (de même qu'il place Thomas d'Aquin à côté de Siger de Brabant), dans son catalogue des bons auteurs : « Certes, dit Roger Bacon en parlant d'Albert le Grand, j'en fais plus de cas que de tous les autres savants vulgaires, parce que c'est un homme studieux qui a recueilli des observations et rassemblé des faits utiles ; mais il pèche par la base ; il ne sait rien, rien dans les langues, la perspective, la science expérimentale, et cependant on le cite à Paris ; il est le docteur par excellence, à la grande confusion de la science... *Ce qu'il y a d'utile dans ses ouvrages pourrait être résumé dans un traité qui n'aurait pas la vingtième partie de*

fieri posset, abreviari, tam plane quod intelligentes legere possent hoc extractum sufficienter sine scriptis. Hoc extractum audirent juvenes totum primo anno quatuor lectiones in die sine questionibus ; hoc idem audirent secunda vice cum questionibus ; postmodum audirent semel libros prout leguntur in scolis. Item expediret quod *Questiones naturales* haberent extractas de scriptis tam fratris Thome quam Segeri[1] et aliorum doctorum, ordinatas omnes de una materia, ut de materia prima, de forma, composit[ione] ejus, generatione, corruptione, de quolibet sensu, ejus objectis, de qualibet potencia anime, operationibus et naturis earum, de elementis nature et operationibus eorum, de corporibus celestibus, naturis, influenciis et motibus eorum ; ad talem ordinem tendendo quod materie de facili possent inveniri, et propter ordinem facilius sciri ; quod esset multum difficile taliter ordinare, licet multum proficuum in via doctrine, que de facili modico tempore per hunc modum adquireretur, adquisita conservaretur, et ad memoriam reduceretur.

73. Quibus sic factis audirent morales sciencias, videlicet monosticam, ethicam, rhetoricam et politicam sic extractas et abreviatas. Ethicam vidi per decem libros abreviatam per magistrum Hermannum Alemannum[2]. Qua precognitione habita semel audirent libros solempniter cum questionibus, ut in Naturalibus, ordinatis, cum paucis argumentis in quacunque sciencia scriptis ; quoniam argumentorum multitudo magis confusionem intellectus et judicii rationis quam scienciam inducit.

la longueur des siens. » (E. Charles, *Roger Bacon*, Paris, 1861, in-8°, p. 108).

1. Siger de Brabant ; cf. ci-dessous § 132. — Ce passage de notre opuscule a été traduit et commenté par M. Victor Le Clerc dans l'*Histoire littéraire*, XXI, 106.

2. Sur Hermann l'Allemand considéré comme traducteur d'Aristote, v. Roger Bacon *Compendium studii*, éd. Brewer, p. 471. Cf. Ch. Jourdain, *Recherches sur les traductions latines d'Aristote*, Paris, 1843, in-8°, p. 143.

74. Quibus sic factis in anno uno, quia bis in die Bibliam audirent biblice, et Librum Summarum[1] in mane cum questionibus in Naturalibus obmissis, qui debent esse predicatores per duos vel tres annos sic audirent; quorum si aliqui sic facerent, aliis sufficeret semel audire anno uno, seu minori tempore. Postmodum expediret quosdam per biennium Leges[2] audire, et perfecte quinque volumina possent audire; postmodumque Decretum et Decretales, bis Decretum in die et Decretales[3] semel. Clericaliter in ecclesia Dei victuri possent obmittere Leges, sed non Decretales et Decretum; seculariter victuri possent obmittere Naturalia, Moralibus in jure civili et canonico longius insistendo. Qui vero vellent audire medicinam, post Naturalia possent hoc facere, quamvis expediret Bibliam et Summas non ignorare, quoniam in eis tanguntur principia que sunt fundamenta omnium scienciarum, juxta id quod dicit Philosophus: *Communicant autem omnes sciencie.* Et valde magnum est omnium scienciarum principia cognoscere vel saltem non ignorare.

Médecine et chirurgie. Qui vero in addiscendo fuerint rudiores, cognita logica paululum, et magis, cum erit possibile, naturali sciencia, cerurgiam hominum et equorum audiant; et cum hoc, si fuerit possibile, medicinam, videlicet illi qui melius fuerint capaces, ut profectius artem cerurgie possint apprehendere, arte medicine cooperante. Isti medici et cerurgici uxores habeant similiter instructas, cum quarum auxiliis egrotantibus plenius subveniant.

Des livres. [XLVII] **75.** Aliquis poterit opponere argumento eorum que vidimus: « Quid proderit eis qui secum tot volumina

---

1. Qu'est-ce que ce « Liber Summarum » ? M. Renan propose (*Hist. litt.*, XXVI, 513) d'entendre par là les abrégés composés par Pierre d'Espagne, dit le *Magister summularum*.
2. D'après les divisions usitées dans l'école de Bologne, le *Corpus juris* formait cinq *volumina* (Voy. Ad. Tardif, *Histoire des sources du droit français*, Paris, 1890, in-8°, p. 120)
3. Sur le Décret de Gratien et les Décrétales, voy. Ad. Tardif, *Histoire des sources du droit canonique*, Paris, 1887, in-8°, pp. 89, 173.

portare non poterunt per biennium leges audire » ? Respondeo : si libros non habent cum uti debebunt, parum proderit; tamen propter jura canonica proficiet eis et ne totaliter ignorent; si tamen libros secum portarent, longe magis proficeret. Supponere debemus aliquos sic audituros qui libros secum portabunt, et aliquos non portantes adquisituros libros ; et propter bonum scienciarum fundamentum profecturos etiam per libros per solum studium notos, scolis desertis.

76. Istos autem scolares modici temporis magnas civitates et populos gubernaturos et judicaturos, expediret habere leges in uno volumine, planas, breviter et clare, semel tantum absque similium repetitione scriptas, perfectas sentencias continentes, ut intelligi possent et legi sine glosis et scriptis ; omnes leges unius materie sub uno titulo comprehendendo taliter quod alias bene litterati possent intelligere et capere sine doctore; similiter expediret habere Decretum abreviatum et Decretales, ut scolares pauci temporis ex juribus confusis et prolixis, sub brevitate generalia et specialia jura cujuslibet materie retinere secumque portare possent; quibus mediantibus cum experiencia se et alios civiliter regerent hiis generalibus et specialibus viribus per assuefactionem habituatis, experiencia cooperante, libris adquisitis, perfectius in eis studerent. Hec abreviata et extracta forent libri portativi pauperum et etiam eorum qui circa alias sciencias occupati, ut circa philosophiam et theologiam, solitum et neccessarium studium ad noticiam magnorum voluminum non apponerent[1] ; eo quod brevitas

_{Droit civil et canonique}

---

1. M. Ad. Tardif (*Histoire des sources du droit français*, p. 361) rapproche ingénieusement ce vœu de Pierre Dubois : la rédaction de *Libri portativi pauperum*, moins chers et plus clairs que les gros livres, d'un traité inédit du Vacarius, recueil d'extraits du Code et du Digeste, annotés et glosés, que Vacarius avait composé tant pour épargner aux pauvres étudiants l'achat fort onéreux des grands recueils de Justinien que pour abréger leurs études. « On peut supposer, dit M. Tardif, que P. Dubois connaissait cet abrégé ; les relations si fréquentes du Co-

vite hominum et occupatio spiritualium et seculariorum negociorum raro permittunt homines perfecte studere et cognoscere jura civilia et canonica tam prolixa, cum philosophia et theologia. Tamen bene dociles modo prescripto studium continuantes, infra triginta annos etatis sue fieri poterunt in philosophia, jure civili, canonico et divino valde periti, et in modo predicandi experti. Nam Scriptura Veteris et Novi Testamenti, cum Legenda Sanctorum in puericia cognita, repetita solempniter cum Libro Summarum, ut prescribitur, anno uno post adeptionem philosophie, sufficienter ex tunc a puericia disponet eos ad intelligendum, reportandum ac memorie commendandum, singulis diebus festivis, predicationes, ita quod predicandi modus sic assuefactus erit eis quasi naturalis; juxta id quod recitat Philosophus Platonem docuisse pueros assuefieri in operibus virtutum, ut processu temporis sint in eis quasi naturalia, et ad ea tamquam ad naturalia moveantur. Nam ut dicit ibi : *Consuetudo altera natura est,* id est alterat naturam.

[XLVIII] Quod sic expediat prelatos ecclesie rectores edoctos esse in philosophia, theologia et in utroque jure, usu et experiencia scienciarum hujusmodi, satis docuit experiencia, suprema rerum magistra, prout clamant multi sacri canones, considerantibus defectus illorum prelatorum qui solum jus civile sine canonico et divino, licet multum profunde, didicerunt.

tentin avec l'Angleterre (Vacarius avait professé à Oxford), les rapports de cet agent de Philippe le Bel avec Edouard Ier et sa cour rendent cette conjecture assez vraisemblable. » Cette conjecture ne nous paraît point bien solide. Mais il est intéressant de remarquer, avec M. Tardif, que le moyen âge a produit un grand nombre d'abrégés *ad usum pauperum*, dans tous les genres : abrégés de *dictamen*, de grammaire, de théologie morale, etc. Cf. la *Summa collectionum pro confessionibus audiendis* de Durand de Champagne : « Ego... pauper pro pauperibus, qui tantam librorum multitudinem pro paupertate non possent, vel [quibus] propter occupationes varias studere vel perlegere non liceret, etiamsi haberent, presens opus... attemptare presumpsi » (*Histoire littéraire*, XXX, 304). Jean de Beauvais avait rédigé un manuel de grammaire qui portait le titre de *Liber pauperum* (*Ibid.*, p. 300). — A vrai dire, le moyen âge n'a que trop goûté les *compendia* de toute espèce.

77. Item et eorum qui solum jus canonicum, ut sunt aliqui canonici regulares et monachi.

78. Item et eorum, qui philosophiam et theologiam noverunt. Nam prelatus non solum per alios, sed etiam, ut magis moveat et edificet ac timeatur, per se ipsum facere debet ea que pertinent ad felicitatem contemplativam et activam, juxta illud verbum Evangelii[1] : *Cepit Jhesus facere et docere.* Licet scriptum est per supremum advocatum : *Maria meliorem partem elegit, que non auferetur ab ea,* tamen hoc non sufficit prelatis quoad subditos.

Si prelatus velit totaliter ad instar Marie contemplationi vacare, debet religionem vel heremum intrare, prelationis virgam alteri dimittendo. Et si prelati vitam utramque gerere, et secundum eas beatificari tenentur, debent instrui in pertinentibus ad utramque, in tantum quod sit verisimile sibi sufficere posse, prout humana fragilitas potest comprehendere et adquirere sciencie notionem; in qua adquisitione et sufficiencia scienciarum nullus debet finem et perfectionem supremam apponere, ut quiescat tamquam sufficienter instructus; quoniam non potest esse in hoc mundo quisquam tam perfectus quin ipsum instrui perfectius expediret. Solus Deus in fine et termino perfectionis esse potest.

[XLIX] **79.** In mathematicis vero scienciis propter plures earum utilitates, precipue tactas in libello *Super utilitatibus*[2] hujusmodi confecto per fratrem Rogerum Bacon de ordine Minorum, expediet aliquos hujus provisionis discipulos instrui, prout in illis sapientes commodius et brevius viderint expedire; in illis que prodesse poterunt ad adquisitionem et conservationem Terre Sancte potius insistendo. Quemlibet catholicum presertim litteratos expedit cognoscere figuras,

Mathématiques.

---

1. Actes, I, 1.
2. Il s'agit de la 4ᵉ partie de l'*Opus majus* (E. Charles, *op. cit.*, p. 60); cf. ci-dessous § 84.

situs et loca elementorum, eorum magnitudines, figuras; orbium celestium spissitudinem, eorum magnitudinem ; solis, lune et aliarum stellarum velocitatem, motus et influencias; et quantum terra respectu eorum minima, et respectu hominis maxima; ut hiis admiratis laudetur actor eorum, et, repulsa concupiscencia mundanorum, non superbiat homo propter ea que in mondo qui omnia continet et ejus respectu nichil sunt, hec omnia inferiora, quia quasi nichil debent reputari.

Objection.

[L] 80. Si, prout fiet a multis, aliquis opponat: « Sufficere possunt et hactenus suffecerunt addiscendi modi quos tenuerunt patres nostri, quorum scriptor hujus operis non esset dignus solvere corrigiam calciamenti »; responderi potest quod super hoc dignus non esset concedendo, tamen scriptor operis hujus, naturali desiderio recuperationis et conservationis Terre Sancte motus, consideravit pluries et respexit nociva contra hoc et conferentia, ad instar ortolani qui primo tollit urticas, spinas et tribulos, antequam ferat frumentum aut alia que prospera colligere proponit. Idcirco de hiis tetigit, nec non de modis addiscendi predictis, conferentibus ad bene esse conservationis ac etiam adquisitionis dicte Terre; in qua quousque bene fuerit sedata et a guerris semota, scolares non possent bene proficere, nec unde proficerent habere; nec forte reperirent doctores qui ipsos ad proficiendum in scienciis conferentibus ordinarent. Nam doctor quilibet vellet in sua doctrina et sub ea diu tenere scolares.

Défense de la méthode préconisée.

Credit communiter enim quilibet suam scienciam meliorem et utiliorem aliis omnibus; et, quod plus est, plerumque credit quilibet scienciam quam novit, et quam desiderat cum possibilitate scire, ad sui mondique regimen sufficere; cum non solum summa sapiencia, sed etiam cum ipsa experiencia agibilium ad mondi regimen requiratur. Nec bene sufficit sciencia in uno cum experiencia alterius, nisi ista duo conjungantur; quod contingere non posset nisi studendi modus et tempus abrevientur, ut periti scienciarum ita cito veniant ad experienciam quod ipsam longo tempore possint adquirere et uti, antequam desipiant per senium organorum anime rationalis et ejus judiciis deservientium, juxta id quod ait Philosophus : *Organa sensuum senescunt, non virtutes*, et simul cum intelligimus necesse est fantasmata speculari. Et licet intellectus non sit virtus organica, tamen organis indiget; que organa propter humiditatem et frigiditatem citius senescunt et debilitantur in terris frigidis quam in calidis. Idcirco decrepiti calidarum regionum prudentiores sunt et melioris memorie ac reminiscencie quam decrepiti frigidarum regionum ; inter quas regiones temperate magis eligende sunt, quoniam excellencie sensibilium corrumpunt sensus[1].

81. Propter dictas causas, expedit quod juvenes ita cito proficiant in scienciis quod ad experienciam agibilium veniant robusti, diuque presumptione juris et nature victuri ; ut, adquisitis primo scienciis, et postmodum eis convenientibus experienciis, aliorum animas et corpora possint diu regere, taliter ad hec dispositi. Nam, ut scriptum est, *Nemo repente sit summus*.

82. Non studeant ergo protervi tantorum bonorum initium reprobare, immo per Dei graciam, imperfectum opus salubriter perficere, emendare ; vel, eodem obmisso, totaliter expedientius et probabilius invenire, prout subjecta materia pati poterit, rhetorice suadendo, ut ait Philosophus, cum ipse artificialiter sophisticandi et sophisticos sillogismos dissolvendi principia invenisset : *Difficile est principia invenire, sed, ipsis inventis, facile est addere ;* cui communicans Legislator ait : *Qui ab aliis inventa subtiliter emendat, non minus laudabilis est eo qui primus invenit*.

---

1. Dubois croyait fermement à l'influence décisive des milieux. Il n'en parle ici qu'en passant, mais c'est un de ses thèmes favoris. Cf. ci-dessous § 139, et la note.

Répétiteurs indigènes.

[LI] 83. In quolibet vero studio provisionis hujus, expediet retinere aliquos qui debiles essent ad transffretandum, qui, prout perfectius fieri poterit, ultra modum prescriptum edocti alios doceant, et demum fiant capellani studiorum. Multos doctores grecos, arabicos, caldeos, et sic de aliis ydiomatibus, prout magis conferentes credentur, expediet querere, pro instruendo in linguis eorum litteratis tantum sapientiores nostros, et alios quibus sufficiet minus studere in litteratis et maternis; ut, quantum ad non litteratos, fore possint interpretes sermonum. Estimo, sicut apud nos Latinos videmus sub quolibet litterarum ydiomate contineri diversa materna langagia, quorum communius, prout apud Latinos est gallicum, addiscere expediret eis qui ad diversa discendum sufficere non creduntur.

Exercices corporels.

[LII] 84. Expediet scolares hujus provisionis, videlicet robustiores, instrui in arte militari; et alios, qui rudes processu temporis reperientur in doctrina litterarum, in artibus mecanicis, pre ceteris deservientibus arti militari, sicut est

Apprentissage des arts mécaniques.

ars fabrilis et carpentaria; ut ait Philosophus: *Ars militaris omnibus mecanicis artibus est nobilior, propter nobilitatem finis, qui est pax, ad quem tendit.* Cui arti militari pre aliis deservit ars fabrilis armorum factiva, et similiter, ut videtur, carpentaria; quoniam ipse precipue eget istis duabus artibus.

Expediet etiam aliquos istorum instrui secundum documenta libelli predicti *De utilitatibus mathematicarum* confecti, in factionibus variorum instrumentorum, ut speculorum ardentium et aliquorum instrumentorum ad guerras utilium, prout secundum perspectivas mathematicarum et naturalium scienciarum fieri poterit; secundum quas artes multa sunt possibilia fieri que non sunt nota in hiis regionibus Occidentis [1].

---

1. Cf. E. Charles, *op. cit.*, p. 293 et suiv. — Dubois se laisse ici séduire par les chimères scientifiques de Bacon qui a mêlé des pressen-

Poterunt etiam instrui in pluribus aliis artificiis ad Terre Sancte recuperationem et circumadjacentium adquisitionem conferentibus, prout plures in talibus prudentes et experti viderint expedire ; que artificia per unum cognosci et explicari non possent, argumento eorum que nos et patres nostri semper vidimus evenire.

Certum est et constat oculata fide, quam cuilibet de populo videtur falli non posse, quod in duobus vix et nonquam in tribus artificiis aliquis reperitur excellens ; quomodo ergo posset aliquis in omnibus artificiis, que quoad nos sunt infinita, excellens reperiri ? Si non in artificiis, ergo nec in eorum determinatione, causis et diversitate. Ex quibus sequitur horum perfectam doctrinam per unum actorem tradi non posse ; cujus ratio est, ut videtur, quoniam actor nature, superbiendi tollere volens occasionem quamcunque ac etiam mondi res concupiscendi, nec non etiam dare colorem, causam et occasionem cuilibet secum possessores rerum et artificiorum actores tolerandi, non plus debito concupiscendi et invidendi, sic omnia quoad homines fecit infinita, videlicet ydiomata tam litterata quam materna, loca, regiones ; artificia etiam in tantum multiplicavit quod nec unus homo, nec centum, nec mille, nec centum milia, nec centies mille milia sibi sufficere possent ad bene vivendum, et quod adsit bene vivendum, prout est solitum, sibi invicem non sufficerent homines unius provincie, nec unius regni, nec trium, nec decem. Quod in tantum verum est, quod omnes homines hujus mondi regulariter apparet esse futuros ad bene vivendum sibi invicem conferentes ; ex quo sequitur quod sine concupiscencia et invidia, prosperitatis naturalis fortune cujuslibet, debent homines se invicem tolerare, ad instar gregalium animalium que se invi-

Infinie variété des connaissances humaines.

timents sublimes à des rêveries de visionnaire dans son opuscule *De speculis*, une des parties les moins solides de son œuvre. Voy. *Opus tertium*, éd. Brewer, p. 116 : « Si duodecim talia specula haberent illi qui sunt ultra mare Christiani, ipsi sine effusione sanguinis pellerent Sarracenos de finibus eorum. »

cem tolerant. Sic Salvator omnium animarum voluntatem suam expressit magis in his suis factis quam verbis, sic nos verbis et factis docens, ut accedat quod ait Apostolus : *Omnis Christi actio nostra debet esse instructio;* et propter doctrine misterium scriptum est : *Cepit Jhesus facere et docere.* Sic in lege civili cautum est : *Non refert utrum populus romanus voluntatem suam exprimat verbis, vel rebus ipsis et factis.*

Sic ergo instruentur scolares provisionis in artificiis diversis, conferentibus ad recuperationem et conservationem et bene esse habitatorum Terre Sancte, prout juxta neccessitates eminentes provisores viderint expedire. Sic de longe provideri et procurari poterunt per mare res multum conferentes ad terram illam que vix aut unquam possent in ea reperiri. Dicitur communiter quod omne rarum preciosum putatur ; et omnes res homini tam neccessarie[1] quam utiles ad vivendum et bene vivendum in aliquibus locis habundant multum et in aliis deficiunt ; que sic disposuit Deus gloriosus et sublimis qui fecit hec omnia propter hominem ; ut obstantibus defectibus non ponat homo finem et desiderium suum semper hic inferius habitandi.

[LIII] **85.** Puellas vero provisionis omnes expediet, ut mares, in gramatica latina instrui, postmodumque in logicalibus, et alio ydiomate uno ; postmodum in principiis naturalibus, ultimo in cerurgia et medicina ; quod intelligo, ultra gramaticam et cerurgiam, de illis que pre aliis dociles et disposite ad hec reperientur ; que etiam in solum conferentibus ad medicinam et cerurgiam instruentur in qualibet sciencia, modo quo fieri poterit sensibiliori, planiori et faciliori, propter sexus fragilitatem ; et quia citius discurrunt per suas etates quam mares, citius perveniunt ad perfectionem eis possibilem, quod est signum debilitatis virtutis naturalis earum. Simile videmus, ut dicit Philosophus, de hoc loquens in libro de Animalibus, in arboribus et aliis plantis, *Que*

---

1. Bongars : *nocive.*

minus durant citius crescunt. Inter eas de quibus puellis, alique prudentiores que videbuntur debiles ad transffretandum, apud nos poterunt pro aliis custodiendis perpetuo remanere, quarum subsidio cetere securius servabuntur et plenius instruentur, tam in sciencia quam in experiencia cerurgie, ac etiam medicine, et eorum que ad artem et artificium apothecariorum pertinere noscuntur.

86. Puellas vero que disponentur conjugande cum illis qui non tenent articulos fidei nostre, prout eos tenet, docet et observat ecclesia romana, expediet in articulis prout tenet eos ecclesia romana doceri, ut secum breviter et plane scriptos portent articulos omnes ita quod ipsos sufficienter intelligant ; quod similiter scire non noceret, immo prodesset, singulis discipulis provisionis predicte, quos in theologia continget plenius non doceri. Preterea in singulis studiis medicine et cerurgie pro puellis statuendis, expediet remanere duas puellas, quo adjuvent, pre ceteris edoctas in medicina et cerurgia ac earum experienciis, que alias docebunt tam in theorica quam in prautica ; ut puelle, cum de studiis recedent, cum scienciis periciam habeant prauticandi ; in studio magis quam postmodum faciliusque discere poterunt et capere summam experienciam, sine qua tales sciencie parum prodessent, testante Philosopho, qui ait : *In agibilibus humanis longe magis proficere vidimus habentes sine arte experienciam, quam habentes sine experiencia sciencie notionem.*

[LIV] 87. Similiter autem masculos auditores hujusmodi scienciarum in earum experiencia, dum erunt in studiis, proderit erudiri, et in eis apothecariam teneri, confectiones fieri ; ut herbas et alia medicinalia discant cognoscere ; nec non unguenta et decoctiones cum aliis solitis facere ; ut de studiis recedentes sufficienter sciant et valeant prauticare. <small>Pharmacie.</small>

88. In sciencia divina precipue studentes in ejus prautica se frequenter exercitent, provisionis hujus scolaribus <small>Devoirs des étudiants en théologie.</small>

predicando, majorum predicationes repetendo, collationes breves frequentius faciendo.

Instruction pratique des étudiants en droit. [LV] 89. Queri posset qualiter jurium scolares in experiencia judicandi et postulandi modico tempore poterunt erudiri. Ad quam experienciam acquirendam, que longo indiget tempore, prout noverunt per se ipsos illi quicunque in talibus laborarunt, et non laborantes, qui labores aliorum considerarevunt, et ut addiscerent diligentius respexerunt, juxta commune dictum Hugucionis[1], magni jurium doctoris, cum ait : *Felix quem faciunt aliena pericula cautum.*

Perquam difficile videtur competens et probabile remedium, quod admittatur et sit tolerabile reperire; tamen hoc fieri est possibile, licet difficile. Sicut enim ait Philosophus: *Materia prima de se nullam habet formam, immo est in potencia ad omnes formas*; et idcirco dicit Philosophus : *Materia id quod in potencia est ; forma vero est actus et perfectio cujuslibet compositi.* Videmus quod globus cere, tamquam materia, recipit equaliter omnes formas de potencia materie per industriam artificum, et non alias inducendas.

90. Sic ergo experienciam agibilium negociorum et causarum spiritualium et temporalium brevem et brevi tempore queri possibilem, in potencia rerum ordinavit actor earum ; sicut et multa alia que, per deffectum artificum, forte nonquam producentur in esse. Hec acquisitio brevis experiencie tam postulandi quam judicandi respicit bene esse reipublice Terre Sancte et habitatorum ejusdem. Cum hujusmodi terram expediat et opporteat publicari per habitatores diversa-

---

1. Bongars: *Hugonis Magni.* Cf. ci-dessus, p. 4, n. 2. Cet « Hugues le Grand » a intrigué M. Renan (*Histoire littéraire*, XXVI, 515, n. 1). Il s'agit d'Hugution (Ugnccione de Pise). Dubois est en effet plus explicite qu'ici dans le *De abrev.* (fol. 11 v°) : « prudens ille Huguccio scripsit in sua Summa super libro Decretorum... » Voy. J. F. von Schulte, *Die Geschichte der Quellen und Literatur des canonischen Rechts*, I, p. 156. — Les maximes que Dubois cite sous le nom d'Hugution sont tantôt de Virgile, tantôt d'Ovide.

rum regionum, si quilibet vellet et niteretur uti consuetudinibus et statutis sue terre natalis, et modum causidicum hujusmodi terre tenere, ex hac sequeretur confusio valde magna habitantium, et occasiones infinite discordiarum; quoniam communiter videmus quod cuilibet plus placet lex vel consuetudo seu statutum terre sue natalis, licet sit minus expediens quam alterius, juxta id quod scripsit Ovidius:

Nescio qua natale solum dulcedine cunctos
Ducit, et immemores non sinit esse sui.

Philosophus etiam scripsit quod: *Omne inassuetum est dolorosum*. Et quia pro malo haberent Anglici, Alemanni et Hyspani, si consuetudines Gallicorum et modus litigandi eorum tenerentur; et quia propter diversitates consuetudinum et modorum procedendi infinite discordie orientur, et demum guerre moverentur inter fratres, qui in Christo deberent unum esse, juxta illud Apostoli[1]: *Multitudinis credentium erat cor unum, et anima una*. Quocirca, propter vitandum seditionum et guerrarum occasiones, expediens videtur proprias cujuslibet populorum de novo supervenientium consuetudines et ritus vivendi reicere, verisimiliter modum procedendi super omnes facilem minus laboriosum, et minus dampnosum et breviorem eligendo, quem super omnes, magis de facili concipere, retinere, et in eo se exercitare, per ipsum citius experienciam adquirere valeant Terram Sanctam inter inimicos pacis positam habitantes; ita quod idem sit procedendi modus in foro seculari et ecclesiastico, ut questiones secundum leges scriptas et canones decidantur, dilationibus, subterfugiis litiumque prolongationibus, alibi solitis, quoad modum procedendi totaliter amputatis.

Moyen d'y pourvoir.

De l'abrègement des procès.

Per quem modum infra plenius explicandum scolares hujus provisionis juris periciam, ut pretactum est, habentes,

1. Actes, IV, 32.

statim sufficienter esse poterunt experti causarum utriusque fori, quod est alias inauditum, judices et patroni. Secundum quem modum, clerici beneficiati in ecclesiis suis et domibus commorantes, licet loca judiciorum non intrantes, poterunt esse causarum consultores et patroni; nec publici patroni, prout est alias ubique solitum, bursas litigantium nimium vacuabunt; nec lites diu durabunt, nec vitas hominum excedent, nec diu contemplationem scienciarum et virtutum et alia pacis opera poterunt impedire[1].

[LVI] **91.** Quem modum litigandi brevissimum sic decla-

---

1. Dubois aborde ici un sujet qui lui tenait fort à cœur. Voici comment il en avait déjà parlé à la fin du *De abreviatione* (fol. 33) : « Majus malum commune quod in regno reperiri posset et ab eodem evelli est multiplicatio et prolongacio controversiarum per quam, lege naturali vivendi sublata, ad instar piscium aquarum se invicem devorant homines, consumant et occidunt; nam... per multiplicationem et prolongacionem controversiarum plerumque consummuntur intantum litigantium facultates quod ipsi vergunt ad inopiam magnifestam, et quod ipsi propter metum inopie perjuria et alia multa peccata committunt, et, in hiis occupati, vacare non possunt nec vacant virtutibus, scienciis adquirendis, et a divinis obsequiis notorie retrahuntur. Hec et alia litium pericula plurima Predicatores et Minores plenius cognoverunt qui modos vivendi singulorum agnoscunt. Et, licet lites et controversias totaliter amputare sit impossibile nec esset bonum ad hoc niti, quia, cum multi sint homines injusti et iniqui ad operandum justum et equum ad proximos et conjunctos, si judices tales non arcerent, lesi, dampnificati et offensi, prout circa mundi primordia fiebat, ad arma recursum haberent, quod esset majus malum quam exercicium controversiarum per quod plerumque cessant arma... Prout noverunt in exercitio litium experti, per litium prolongationem et ejus occasione nonnunquam innocens condempnatur et nocens absolvitur, presertim in causis hereditariis que majores aliis estimantur; plerumque qui in eis obtinuit propter labores quos sustinuit et expensas quas fecit, longe plus amittit quam lucratur, et sic eidem dampnosa tam potestas quam opera judicantis, ita quod melius ei non habere judicem quam habere... Sic ergo evidens utilitas abreviacionis litium apparet manifeste, circa quam notabiliter studere jurium doctores hactenus non curarunt, ymo ad multiplicandum scripturas juris, modos agendi et deffendendi suos animos aplicarunt, ita quod paucorum hominum vita sufficeret ad jurium theoricam experientiam adquirendam. Sic ergo summe regie majestati precipere placeat quod modus abreviationis litium scribatur, ut ad effectum ducatur. Offert se actor hujusmodi opusculi paratum hoc modo planissimo et brevissimo, sub correctione, supplemento, et emendatione majorum describere... »

ro : Actor quilibet in majoribus causis procurans reum ad judicium evocari, factum quod intendit probare per modum articulorum afferat judici, et idem in modicis causis, vocatis reis et presentibus.

« Sic proponit et intendit probare B. contra T., petens ipsum T. quatenus probare poterit per vos sibi condempnari: videlicet quod idem B. dicto T. mutuavit, numeravit et tradidit centum marchas argenti in stellinguis.

92. Item, et quod dictus T. eodem B. presente, et alias, premissa recognovit esse vera. Item, et idem T. se obligavit ad reddendum ipsi B. centum marchas bonorum stellinguorum, ex causa predicta. Item, et quod ipse T. eandem pecuniam postmodum reddere noluit, pluries requisitus ».

93. Hec est materia libelli perfecti de necessitate concludentis ; quos articulos mittat judex reo, ut veniat, habita deliberatione, respondendi certus an cedere seu contendere, et per quem modum velit, quia si falsum proponitur eo quod nonquam fuit pecunia numerata et tradita, omnia proposita statim neget reus, actoris probationem expectans.

Si vero pecunia fuit mutuata, tradita, sed soluta, quitata, remissa, seu delegatio alterius persone animo novandi facta, dicat sic: « T. confessus est centum marchas argenti mutuatas et traditas, anno jam elapso, alias negans petita vera esse ; proponens et intendens probare contra B. quod ipse postmodum ipsi B. super hujusmodi mutuo satisfecit ; vel quod B. debitum sibi remisit, animo donandi ; vel quod eum quitavit super omnibus, pro tempore preterito ; vel quod talem ei delegavit, qui animo novandi ad solvendum dictum mutuum se obligavit. » Et sic de aliis peremptoriis defensionibus, prout factorum qualitas postulabit.

Si vero actor aliquid voluerit replicando proponere, traditis sibi responsione et exceptione rei, superaddat actor ad suam intentionem ; et hoc quod superaddet reo tradat ; qui reus similiter tradat postmodum actori quidquid duplicando vel alias proponere voluerit; demumque videat judex quod non refricetur pluries idem factum, et quod impertinencia et superflua non admittat; et que reperiet talia, reiciat cum scandalo et improperio patronorum. Postmodum similes hinc inde veniant probationes, primo jurando, ponendo, respondendo; deinde testes et instrumenta producendo; quibus instrumentis et attestationibus publicatis, si reprobare voluerint, admittantur usque ad secundam reprobationem, que erit tercia testium productio hinc et inde; hiis factis jus reddatur[1].

94. Dicet aliquis: « Planum est quod iste modus procedendi longe brevior est solito modo communi antiquo; sed non videtur quod cito possit experiencia sic procedendi adquiri. » Respondeo quod immo poterit; parcetur in hoc et per hoc multum laboribus et rixis advocatorum; quoniam, ut patet per se, modus hic unus scribendi, scriptura etiam unica sufficiet pro libello, positionibus et testibus examinandis. Licet inveniatur modus artificialis libellos formandi, non tamen positiones et articulos pro testibus examinandis dictandi; longeque facilius et citius scire consueverunt scolares libellos quam positiones et articulos dictare; que omnia scientur similiter isto modo.

95. Preterea, pro utraque parte poterunt hec scribi in libris annualibus judicum, quorum unus scribetur et servabitur pro actoribus in quo demum scribuntur summe, alter vero pro reis; sic duos libros faciendo propter testium depositiones, ut testes utriusque partis eodem tempore possint examinari eorumque depositiones scribi.

---

1. Comparez cette procédure nouvelle à la procédure usuelle des cours du xiiie siècle, telle qu'elle est exposée dans le petit livre classique de M. Ad. Tardif: *La procédure civile et criminelle aux* xiiie *et* xive *siècles*. Paris, 1885, in-8°. Cf. P. Guilhiermoz, dans la *Nouvelle revue historique de droit français et étranger*, janvier 1889.

DE RECUPERATIONE TERRE SANCTE.

96. Sed quod summe expediet juvenibus ad experienciam modico tempore quasi sine labore perquirendam, si sanctissimo domino romano pontifici facere placuerit hunc procedendi modum servari, paratus erit scriptor hujus operis in omnibus actionibus per dominum Rainfredum[1] in suis utriusque juris libellis tactis, similem modum articulorum et defensionum, etiam in omnibus attemptatis questionibus emergentibus et incidentibus tradere, sub correctione prudentum; per quod opus, si fieret et uti placeret, Terra Sancta consequeretur hoc commodum quod omnes sui habitatores, juris periti experti in officiis postulandi, judicandi, predicandi, sapienciaque divina fulgentes esse possent, et in tali statu diu videlicet per majorem longe partem sue vite durare, non cito deficiendo cum inciperent proficere, prout contingere plerumque vidimus hactenus et videmus. Sic predicta provisio sciencias addiscendi, et eis utendi alias quam hactenus fuit solitum, magnos immo maximos haberet effectus ad rempublicam Terre Sancte feliciter gubernandum. Cujus provisionis effectibus, exerciciis et experienciis ac utilitatibus consideratis diligenter, et attentis longe majoribus quam modo credi posset, verisimiliter estimo quod talem modum lites abreviandi, per majores prudentes emendandum, complectetur, favente Domino, tota respublica romanorum, videlicet singulorum ecclesie romane obediencium.

Offres de service de l'auteur.

[LVII] **97.** Multum autem apparenter, apparenciam fortificante malorum omnium callidissimo suasore cum suis coadjutoribus infinitis, poterit opponi: « Per hunc modum brevem, quem dicis et probabiliter suades compendiosum modum lites abreviandi, tu tollis multorum jurium cum multis vigiliis excogitatorum effectus et provisiones, que de nullo servient, et frustra membranas occupabunt ».

Objections qui seront faites à la procédure nouvelle.

---

1. Il faut lire sans doute « Roffredum ». Sur le canoniste Roffredus, cf. J. F. von Schulte, *op. cit.*, II, 75.

Réponse.

Ad hoc potest multiphariam responderi quod quedam jura docent lites decidere ; et hec non mutantur, nec eorum potestas et utilitas tollitur per hanc provisionem.

Sed alia jura, que tendunt ad litium ordinationem que sunt propter alia ad tollendum absurditates, mala infinita et inconveniencia que ex eorum observancia secuntur temporibus nostris, et plus in futuris secutura verisimiliter presumuntur, hominum malicia semper crescente, tolluntur per hanc provisionem, si teneatur ; nec etiam illa jura de *Corpore juris* propter hoc delebuntur ; ex eis argui poterit magis quam ex legibus totaliter arrogatis ; nam in multis locum habebunt ; nec est inconveniens ob causas predictas, si a sollempnitate et provisione legum hujusmodi et canonum etiam recedatur.

Per hanc provisionem in Terra Sancta cresceret multum canonum auctoritas. Nam eis per consuetudines non derogabitur in foro seculari, adeo sicut leges et magis, quia eas vincent, locum habebunt. Eodem modo procedetur in utroque foro ecclesiastico et civili ; unicus erit in tota illa terra modus lites ordinandi, decisione litium et juribus super ea factis non mutatis ; rigor juris servabitur illesus. Nam articuli ex quibus conclusio inferetur non concludent, nec procedere dicentur, nisi ex eis et eorum probatione neccessario sequatur conclusio et probatio ejusdem, sicut de sillogismo dicunt dyaletici, regulam ponentes infallibilem, quod consequentia non tenet, quociens opositum consequentis stare potest cum antecedente. Hoc est quod dicunt legiste, ut .c. de probationibus, .l. *neque natales,* per alia verba, que vulgariter sunt : *Hoc non probat hoc esse, quod hoc contingit abesse.*

Hanc regulam, quociens judicari debet an procedit libellus, et an probata est intentio agentis vel excipientis, diligenter opportet inspicere, vel alias judicans casualiter judicabit, sic peccans in forma judicandi ; quod peccatum si esset expressum redderet sentenciam nullam ipso jure ; sicut enim ait Philosophus : *In paucioribus apparet via magis et facilior consideratio, et per consequens judicium rationis.* Quod etiam patet ex hoc quod omnis argumentatio tenet et probatur valida per virtutem sillogismi, qui est argumentatio perfecta, super omnes brevissima, neccessarioque concludens, omnibus argumentationibus formam et esse prestans. Idcirco supradictum est quod omnes hujus provisionis scolares in dyaletica et aliquantulum in philosophia instruantur, ut modum arguendi et comparandi, causas petendi ad effectum earum, videlicet conclusionem peticionum comparantes, judicare sciant utrum premisse sint vere, et utrum ex earum veritate neccessario sequatur veritas conclusionis secundum regulas supradictas. Hoc modo judices juris periti, multos processus videre non potentes, per alios minus peritos, expertos, processus videri facere consueverunt; sibique facta relatione, sub breviloquio propositorum et probatorum, judicare, quatinus probatum est condempnando.

Intellectus enim humanus, ut ait Philosophus, *simplex est, et indivisibilis, et ubi se convertit, totaliter se convertit;* et idcirco tantum unum simul, videlicet eodem tempore, intelligit. Primo ergo considerare debet causam petendi, utrum legittima est, id est juri consona; item et utrum vera; et postmodum, utrum, ea posita vera, neccessario sequitur veritas eonclusionis petite et illate. Sic ratiocinando et conferendo, non fallitur intellectus judicando, sic facta relatione propositorum et probatorum ac petitorum in conclusione.

Fertur quod sanctissimi romani pontifices, non visis alias processibus, judicare cum summa ratione et arte philosophica per eum qui sic primo facere cepit acquisita, vel innata sive divinitus gratis data, consueverunt.

98. Licet enim logica tradat et doceat artificialem modum omnes sciencias addiscendi, intelligendi, sciendi, et docendi, tamen possibile est, licet rarissime contigerit, quod aliquis ex sua naturali complexione, tam elegans habeat judicium rationis naturalis, quod hujus judicium artem et modum sciendi logicalem in aliis adquisitum, superat et transcendit vel equiparare facit ; argumento ejus quod fertur scripsisse Galenus loquens de Ypocrate sic : *Non enim aliquis homo artem medicine complete scire potest nec potuit, nisi prius logicam noverit, excepto excellentissimo intellectu solius Ypocratis.* Sic artificialiter judicare deberent reges,

<small>Avantages de la procédure écrite.</small> et alii majores principes ac judices ; non lites prolixas audire, per quarum prolixitates variosque colores postulantium, per dulcorem, albedinem, et acuitatem vocum suarum, ac trufarum interpositionem, cum modo dicendi, ridendi, mutus et signa que scribi non possent faciendi, sermones suos, qui, si scriberentur, nichil essent, in effectum decorantium, taliter quod transit eorum color, sicut aer per gravem ventorum turbinem agitatus. Idcirco contra tales longe melius est per scripturam permanentem, quam per verba subito transeuncia, disputare ; ut super certis certa responsio, non cadens et transiens statim verborum prolatio, prebeatur[1].

[LVIII] 99. Cum enim Terram Sanctam precioso sanguine, operibus et corporali contactu Domini nostri Jesu Christi sanctificatam et dedicatam, pre ceteris omnibus deceat esse pacificam, quoniam rege pacifico, qui solum pacem suis discipulis et fratribus fertur reliquisse, magis proximam magisque dilectam, summe videtur expediens quod, cum per ipsius Salvatoris graciam et misericordiam cessabit in eadem terra summa guerrarum discordia, et etiam guerra durante, catholicorum ipsam habitantium discordie modo predicto, seu alio minus honeroso et dampnoso brevioriqué, tollantur.

---

1. Dubois marque dans tous ses ouvrages sa préférence pour la procédure écrite. Dans le *De abreviatione* (fol. 28), il demande que les objections qu'on pourra faire à ses projets soient couchées par écrit ; elles seront ainsi plus pertinentes et il y répondra mieux : « Si quis autem presens opusculum in totum vel pro parte studeat reprobare, placeat regie majestati quod, ne sit locus variacioni verborum, causa reprobandi scribatur, ut auctor, qui suum opus diligit, ad certa certum quid respondens, quod fecit valeat, non obstantibus arguicionibus, confirmare et cavillationes impugnare. » Cf. ci-dessus p. 39.

Cum enim omnes discordie et ipsarum duratio sint male, *C'est au pape qu'il appartient d'établir la concorde.*
et de duobus seu pluribus malis, quorum unum vittari non
potest, minus malum sit potius eligendum, patet quod
exercitium litium planius et brevius, cum minoribus expensis, laboribus et dampnis filiorum, est a summo patre potius
cogitandum, eligendum et tenendum. Idcirco hoc considerans
sanctissimus romanus pontifex, pater spiritualis omnium
catholicorum, novis habitatoribus Sancte Terre leges proprias, consuetudines et statuta non habentibus, predictum
modum vel alium commodiorem suas lites decidendi, misericorditer, prout magis poterit, sedando discordias, quoad
utrumque forum, destinare dignetur. Ac ex premissis et per
ea sumpta occasione, velit statum reipublice christicolarum
spiritualiter et temporaliter, prout pater luminum inspiraverit, generaliter reformare, tali modo quod reformationem
suam sit verisimile fore perpetuo duraturam. Nam, si expediat laborare ad sopiendum discordias pacemque firmandum
unius civitatis et diocesis, magis etiam unius provincie,
magis unius regni, magisque decem, quanto magis expedit
laborare ad pacem temporalem et spiritualem perpetuam
omnium catholicorum? Hic finis tam magnus, tam gloriosus,
non nisi per vicarium regis pacifici posset in esse produci,
tamquam a summo Deo procedens, illo mediante, cui soli
plenitudinem sue potestatis commisit in terris; ad quod se
referens, inclitus legislator civilis ait : *Occupatis nobis
circa tocius reipublice curas et nichil parum eligentibus
cogitare,* etc.

[LIX] **100.** Ad premissa vero omnia, presertim studia *Nouvelles offres de service.*
scolarium provisionis hujus disponenda, paratus est et erit
scriptor hujus opusculi, dimisso magno questu publici advocationis officii causarum illustrissimorum dominorum regum
Francorum et Anglorum et aliarum ecclesiasticarum, terreque
sue natalis habitatione; coadjuvet (*sic*) pro totis viribus, favente
Domino [et] laborante, ut tam optimi finis particeps efficiatur,

cum Psalmista canendo[1] : *Particeps ego sum*, etc., et cum Apostolo conveniendo, cum ait[2] : *Operemur bonum ad omnes, quatinus in nobis est;* nec non cum latore canonis, cum ait : *Faciat homo etiam pro temporali hominis vita salvanda quod potest, sine detrimento salutis eterne.*

Mesures à prendre pour faire respecter la paix universelle.

101. Si vero pacis universalis federa modo prescripto firmare placuerit, de consensu concilii prelatorum et principum statuatur quod omnes prelati cujuscunque status, nec non seculi milites in suis creationibus, firmiter jurabunt quod ipsi, pro totis suis viribus, pacis hujusmodi federa cum penis ejusdem firmiter servabunt, et servari modis omnibus quibus poterunt procurabunt. Ita quod quicunque juramentum hoc prestare contempserit seu neglexerit, ob hoc, auctoritate apostolica sacrique concilii, sentenciam ipso facto majoris excommunicationis incurrat[3]; ita quod quilibet impugnans in posterum hujus pacis federa, per quoscunque milites spiritualis et temporalis milicie pro totis eorum viribus, ita quod resistere non possit, fortiter impugnetur.

Réforme des monastères de femmes.

[LX] **102.** Post que sic finita, fortiter occurrit scribenti conversatio monialium ordinis Sancti Benedicti, que predictam status Ecclesie reformationem evadat. Idcirco, consideratis solitis periculis et salutis animarum dispendiis cum bonis que plus solito fieri poterunt, videtur expedire quod summus pontifex in concilio statuat, ad petitionem principum qui plerumque sanctimonialium monasteria fundarunt et dotarunt, quod, salvo victu competenti in talibus monasteriis professarum virginum, decrescat earum numerus, ita quod non sint in posterum in quolibet monasterio plures quam tredecim, sic conventum facientes; et impendantur dotes hujusmodi monasteriorum in usu puellarum prescripto modo

---

1. Psalm., CXVIII, 63.
2. Gal., VI, 10.
3. Voyez cependant ci-dessus § 4, p. 8.

instruendarum, quarum cum monialibus tantus sit numerus, legere et cantare scientium, quod divinum servicium nullatenus minuatur, nisi per abreviationem ad instar ordinis Predicatorum. Dotes hujus monasterii per magistros hujusmodi salubris provisionis custodiantur, defendantur; ex eis victus competens, sicut olim monialibus et earum majoribus, cessantibus evitabilibus impensis et supervacuis, ministretur. Puelle seculares, que scolasticis intendent disciplinis secundum ordinationem magistrorum provisionis, matutinis horis canonicis et missarum sollempnitatibus, quoad hec parcendo docilibus, intersint. Per hunc ultimum articulum provisionis multa mala cessabunt que fieri consueverunt; presertim moniales datis pecuniis seu redditibus per conventionem recipiendo, per conventiones illicitas abbatissas et priorissas eligendo, pluraque delicta naturalia et aliquando non naturalia committendo[1]; fietque servicium divinum sicut olim in monasteriis et ultra per puellas a monasteriis recedentes coadjuvent (sic), et plusquam trecenta milia librarum turonensium applicabuntur predicto subsidio salubriter annuatim; et si quid de summa tanta defecerit, suppleri poterit fructus et proventus multarum pinguium ecclesiarum, quarum patrone sunt, deductis vicariorum impensis, eisdem appropriando, post decessus tenentium in presenti. — Si quis vero, suadente Dyabolo, provisionem hanc impugnare tamquam malus nitatur, dicens ex illa mala plurima sequerentur, sic per impossibilem et absurdam conclusionem, non ostentivam, rationem demonstrando, responderi potest concedendo quod aliquod bonum plura mala sequi videntur, nec propter hoc quin fiat debet obmitti.

Quoniam planum est, ut supra tactum fuit, secundum omnium philosophorum super hec loquentium oppiniones, quod nullum perfectum bonum potest hic inferius reperiri

---

[1]. Sur les mœurs dans les monastères de femmes au XIIIe siècle, v. *Bibliothèque de l'Ecole des Chartes*, 1846, p. 495 (L. Delisle, d'après le registre d'Eudes Rigaud).

in utentibus a Creatore concessa liberi arbitrii potestate; et idcirco generale statutum fieri non potest ex quo, licet in se bono, mala plurima non sequantur.

<small>Balance des avantages et des inconvénients de la réforme monastique.</small> [LXI] Et idcirco artificialiter procedendo ac judicando, quod istorum duorum sit magis expediens et bonum majus judicare possumus. Sic ponamus quod stent domus Templariorum, Hospitalariorum, Sancti Lazari prioratus, et quecunque monasteria puellarum, sicut hactenus vidimus, ponderantes bona que ex hiis secuntur, et mala que per abusum concomittantur, ex una parte; et ex altera, mala similiter et bona que secuntur ex provisione prescripta, seu que sequi verisimile est; et faciamus collationem malorum ad mala, nec non bonorum ad bona, ut de duobus seu pluribus malis, quecunque sint, eligamus minora; et de pluribus bonis, plura et majora. Sic questionem hanc disputando, et ad finem judicii rationis veniendo, recte, juste, vereque ponderatis hinc inde bonis et malis, nonne judicabimus partem meliorem quam pauciora mala et plura bona secuntur? Non potest aliquis bonus, nisi declinet omne malum primo, et postmodum faciat bonum. Idcirco tangantur mala et bona, que verisimile est hinc inde sequi; tradaturque Predicatoribus et Minoribus, qui pre ceteris viventibus status singulorum cognoverunt[1], et eis committatur judicandi et eligendi facultas. Per ipsos credo verisimilius judicium posse salubriter optineri, singulis utriusque partis rationibus exauditis, et omnibus aliis scriptis et superadditis quas noverunt. Sic haberi posse credo firmissimum judicium rationis, prout humana fragilitas nosse sinit.

Hunc procedendi modum tenendo, non videtur reperiri posse et induci quod hujus mutationis actoribus et approbatoribus valeat imputari.

Certum est quod divine legis eligentes consilia et tenentes

---

1. Dubois ne manque jamais l'occasion de faire l'éloge des Ordres Mendiants : cf. ci-dessus, p. 51, note 1 et p. 74, n. 1. Remarquez qu'il parle avec beaucoup de réserve du fléau des frères quêteurs : ci-dessous, p. 86.

sunt in perfectiori statu quam eligentes et tenentes sola mandata; et quod bonum sufficiens est tenere competenter mandata, malum autem est minus sufficienter tenere consilia; et sic peccant et a statu magno cadunt, qui perfecte et sufficienter eadem non tenent. Idcirco status perfectissimus eligi non debet, nisi verisimiliter credatur posse sufficienter teneri. Quocirca hominum nostri temporis, presertim feminei sexus, communi fragilitate perspecta, via tucior est eligenda, ne, abscentibus pastore et ejus virga, ponantur oves juxta forestam[1], si intraverint, a lupo devorande; si abstinuerint, laudande et remunerande; si non, devorande. Quis est homo prudens et expertus, filios habens, qui sic sub tali periculo et pena vellet eos temptare? cum, prout ait Philosophus: *Primi motus non sunt in potestate nostra*, vixque possit aliquis, objecto presente, virtuti concupiscibili resistere quoquo modo; nec ad replendum celestem patriam tantum verisimile est prodesse resistenciam aliquorum, quantum nocet deffectus resistencie plurimorum; quos laqueos voluntarie statutos, et numeros per eos dampnatorum, utinam sancti Patres, antequam eosdem laqueos quod pro bono fecerunt tenderent, ultra Veteris et Novi Testamenti doctrinam peccata multiplicando, cognovissent infallibiliter sicut modo cognoscunt. Idcirco quoniam humana natura prona est et naturaliter labitur ac inclinatur ad delicta, ubicunque fieri potest et poterit, tolli debent occasiones peccandi et oves Christi per peccata tollendi[2].

Du célibat ecclésiastique.

Idcirco videretur expedire mendicantibus ordinibus, licet non petunt, ut sine multis, que facient urgente neccessitate, contemplationi vacare possent, ut de cetero questas non facerent, de moderatis victualibus providere super bonis reipublice tam clericorum quam etiam laïcorum, sicut provi-

Réforme des Ordres mendiants.

---

1. *Ms. et Bongars.* Frm.
2. Cf. ci-dessus p. 51, et la note. Au moment où ce volume est sous presse, M. A. Esmein prépare sur le *Mariage en droit canonique* un traité où il publie pour la première fois (t. II, pp. 376-8; cf. *ibid.*, II, p. 131) le texte des passages du *De abreviatione* relatifs au célibat ecclésiastique.

deri precepit Dominus tribui Levi, absque hoc quod sortem haberet, licet magis aliis mereretur in hereditate parentum. Si ex provisione ecclesie haberent panem et vinum, cum vestibus et calciamentis sufficientibus, casualia sufficerent quoad cetera, ut videtur, consideratis eminentibus sapiencia, prudencia et experiencia aliquorum de ordinibus mendicantibus. Hec tetigisse sufficiat, prestando solam occasionem ad hoc et propter hoc efficaciter cogitandi. Utinam prudenciores eorum, mala et bona que ex eorum paupertate secuntur ponderantes, tuciorem partem eligendo, ipsam in concilio juxta suas consciencias explicarent, ut super futuris incertis judicans sacrum concilium quod foret salubrius ordinaret.

Affaires de Castille. [LXII] 103. Sedatio vero guerre jampridem inter heredes regni Castelle[1] mote si in concilio omitteretur, Terre Sancte recuperationem et conservationem posset valde graviter impedire ; super quo causam injustam notorie fertur habere qui regnum detinet, quoniam matrimonium fuit contractum inter filium primogenitum regis qui in discordia fuit in imperatorem electus et filiam Sancti Ludovici Francorum regis; concordatum fuit et actum per ipsum regem, regni sui prelatos, et barones, quod si idem filius decederet ante patrem, liberi sui succederent in regno ; contra quam conventionem, nec non contra jus commune, legem naturalem et divinam, idem pater, filio mortuo, relictis duobus filiis, avus eorum, in ipsorum, sue conventionis et fidei prejudicium, alium filium superstitem coronavit in regem ; qui sic in regno jus non habet, ipsumque detinet in prejudicium salutis eterne tam ipsius quam sibi adherencium, in prejudicium veri heredis ; quod tam grave peccatum, per ipsius

---

1. Alphonse X, roi de Castille (1252-84) qui fut appelé à l'empire en 1257, avait marié son fils aîné Ferdinand de la Cerda († 1275) à Blanche, fille de saint Louis. Les infants de la Cerda (Alphonse et Ferdinand), dépouillés par leur oncle Sanche IV (1284-95), firent contre lui et contre son fils Ferdinand IV (1295-1312) de vains efforts pour remonter sur le trône. Dubois parle ici comme s'il ignorait la mort de Sanche IV et l'avènement de Ferdinand. Cf. ci-dessous § 116.

rei evidenciam notorium, omnibus foventibus partem detentoris taliter notum extat quod non possent ignoranciam pretendere quoquo modo. Quocirca pater eorum spiritualis, qui premissa non ignorat, remedium apponere tenetur, ne sanguis eorum de suis manibus requiratur; quod fieri sine scandalo de facili posset, ut videtur, arguendo detentorem super mortali peccato detentionis et super tolerancia Saracenorum regnum Guernadie tenentium ab eo sub tributo, frequenter christianos interficientium. Cui sic graviter accusato et comminato posset dominus papa dicere : « Favore Terre Sancte volumus modis omnibus inter vos pacificare ». Quod de facili sic videtur fieri posse : quod nepos primogenitus regnum Guernadie habeat et frater ejus regnum Portugalie, vel aliud de multis a detentore occupatis, regno Castelle detentori remanente ; taliter quod ipse detentor cum omni sua potestate equitum et peditum cum suis impensis, juvet regem Guernadie ad expellendum Saracenos, et resistendum expulsis quociens opus erit ; ita quod ad hec teneatur sub periculo amissionis regni etiam Castelle. Expediret quod ad faciendum subsidium novo Guernadie regi inducerentur proximi terre illius, videlicet reges Aragonie, Navarre, Majoricarum, et alii in Hyspania ubique existentes, ut Saraceni ex pluribus partibus obsessi et oppressi cito possent expelli. Tunc enim rege Guernadie pro sua terra defendenda remanente, alii reges et principes Hyspanie possent, et ut alii tenerentur, in Terram Sanctam transffretare, et magnum subsidium facere;[1] ita quod Lingadoc faceret

Manière de les arranger, en chassant les Sarrasins du royaume de Grenade.

---

1. Dubois avait déjà traité des choses d'Espagne dans le *De abreviatione*, en ces termes (fol. 9 v°) : « Hyspaniam vero quoque antecessor vester Karolus magnus cum tantis laboribus occupavit, quam sanctissimus avus vester, scilicet beatus Ludovicus, ad eum ratione matris sue per successionem legitimam pertinentem, domine Albe, filie sue, in maritagium seu dotem assignavit; quam ejus filius sine vestro subsidio evincere non posset ab Hyspanis ; negligere et taliter dimittere non debetis quin ejus honorem, nomen et obedienciam, sicut petebat Alexander, habeatis ; et istud, licet tardius tactum, in executione premissorum deberet esse primum. Facta enim et firmata conventione quod consanguineus vester et heredes sui Hispaniam a vobis

Affaires de Sicile. unum magnum exercitum, et regnum Sardanie, transeundo per ipsum, liberaret Federico de Aragonia[1], ut ipse regnum Sicilie dimitteret vero regi.

Formation de quatre armées, [LXIII] **104.** Advertendum videtur expedire quod constituantur quatuor exercitus, quorum tres per mare transeant, et quartus major ceteris per terram siccam ad instar Karoli Magni, et primi Federici imperatoris, et Godefredi de Bullon ; ut inimici fidei in pluribus locis obsessi et oppressi, et sic divisi, citius possint expelli[2]. Et est verisimile quod ipsi, cognoscentes premissa pacis federa in eorum

---

et heredibus vestris tenebuntur, magnum subsidium de gentibus vestris et amicorum vestrorum sibi facere poteritis... »

Vers l'époque où Dubois remaniait ainsi à sa fantaisie la carte politique de l'Espagne, un Castillan dévoué au roi de France, don Juan Nunès de Lara, adressait à Philippe le Bel un mémoire sur les moyens pratiques d'enlever le royaume de Castille au fils de don Sanche l'usurpateur. En voici la conclusion (Arch. nat. J. 734, n° 5, or.) : « Ideo si placet vestre regie majestati quod rex Navarre, filius vester, peteret partem regni sui Navarre olim occupatam indebite per reges Castelle, et quod dominus Alfonsus etiam petat regnum sibi debitum Castelle, credo et sum certus quod nunquam habuistis ita tempus dispositum bene et ordinatum ad recuperandum supradicta sicut modo, quia vos habetis voluntates modo omnium de regno ad hoc dispositas, ita tamen quod placeat vobis quod dominus Johannes, infans, consanguineus vester, habeat regnum Legionis, et, placendo vobis hoc, habebitis eum ad servitium vestrum et filii vestri ad omnia supradicta, et sunt vobiscum specialiter ad petendum omnia premissa ad servitium vestrum potentiores barones patrie, videlicet dominus Petrus Poncii et dominus Fernandus Roderici de Saldanya, et dominus Garcias de Villa majori, Rodericus Alvari de Asturias ; et a quolibet ipsorum teneo unum castrum in obsides ut juvent me in omnibus supradictis. Et si forsitan, domine, non habebitis tempus modo vel oportunitatem ponendi vos ad petendum premissa, placeat vestre regie majestati quod sim in servicio vestro et filii vestri ex quo recepistis me in vassallum vestrum, sicut misistis mihi dici per istum militem, latorem presentium, et quod vivam in dominio vestro, quia non est voluntas mea amplius vivere in regno Castelle in presenti nec in futurum, quia sum certus quod rex procurat et procurabit semper michi mortem, licet ad majorem securitatem velit michi dare in obsides villas et castra. »

1. Frédéric 1er d'Aragon (1296-1347), troisième fils de Pierre III, à qui se donnèrent les Siciliens malgré le traité d'Auagni (1295), et qui triompha de tous les efforts que firent pour le chasser Charles II d'Anjou et son fils Robert (*verus rex*).

2. Cf. ci-dessus § 26.

prejudicium firmata, tot populos contra ipsos ire et ituros esse, libenter dimittent sine bellis totam Terram Promissionis ; quod si fecerint, non destructis fortaliciis et habitationibus aliis, reliquiis et sacris vasis ecclesiarum dimissis, videtur super violenta morte eis parcendum, sub interminatione, si contra venerint quoquo modo, quod radicitus extirpabuntur, loco sibi non relicto in terra. Et tunc videtur optime facturos principes si redirent, dimisso in Terra Sancta exercitu sufficienti pro ejus tuitione, per Greciam, pro domino Karolo contra Peryalogum injustum detentorem, nisi cedere vellet, cum consilio ecclesie romane fortiter pugnaturi ; eo pacto quod ipse dominus Karolus, habita victoria et possessione Imperii, ad defensionem Terre Sancte tamquam ei ceteris proximior, quociens opus fuerit, subsidium faciet opportunum, remotiores principes, preter Alemannie regem, super hujusmodi labore fortiter relevando, ut sic in posterum omnia bella christicolarum ad Terre Sancte subsidium efficaciter ordinentur[1]. *qui rétabliront en revenant l'Empire latin de Constantinople au profit de Charles de Valois.*

105. Quibus premissis sic per Dei graciam ordinatis, catholici concordes possidebunt totam ripam maris Mediterranei, ab ejus occidente usque ad orientem versus septentrionem, et meliorem partem tangentem Terram Promissionis versus meridiem ; ita quod bene vivere etiam corporaliter non poterunt Arabes, nisi communicent catholicis commercia rerum suarum; et idem in orientalibus populis, et de ipsis. *La Méditerranée sera ainsi presque un lac chrétien.*

[LXIV] 106. Tanto ergo fine perspecto per christicolarum legislatorem, Domini Jesu Christi vicarium in terris, beati Petri principis Apostolorum successorem, agente Deo et

1. Dubois proposait à Philippe le Bel, dans le *De abreviatione* (fol. 9 r° et v°), d'obtenir pour son frère Charles de Valois la main de l'héritière de l'empire de Constantinople, et, par une convention préalable, de se faire reconnaître comme seigneur de cet empire, en échange des secours qu'il fournirait pour le recouvrer. Charles de Valois épousa en effet Catherine de Courtenay (28 janvier 1301) et devint par là candidat à l'Empire d'Orient. (Cf. *Bibliothèque de l'Ecole des Chartes*, 1890, p. 63 et suiv.) — Cf. ci-dessous § 116.

Domino exercituum, feliciter consummando, misericorditer placeat expertissime regie majestati post suas guerras feliciter peractas hec fieri postulare, et cum hiis supplementis, prout monstrabit vite fons a quo bona cuncta procedunt, perfici procurare; quod ut inchoetur ordinate, videtur expediens supplicare domino pape quod ipse citra montes, super hiis vocatis prelatis et principibus catholicis sibi obedientibus, presertim regibus et aliis qui non recognoscunt superiores in terris, Concilium faciat generale, Peryalogum de*ntorem imperii Constantinopolis, nec non detentorem regni Castelle et ejus nepotes de illo contendentes, regem Alemannie cum ejus electoribus nullatenus obmittendo, ut super recuperatione et reformatione et conservatione Terre Sancte, nec non statu universalis totius reipublice christicolarum, cum eisdem et per ipsos consilium et auxilium et remedium salubriter habeatur, ipsique domino pape, per sapientes et in agibilibus humanis expertos, ut ad omnia respondere possint et malorum angelorum persuasionibus obviare, presens opusculum, correctum per prudenciores cum providencia ducis bellorum expertissimi, domino pape mittatur; et procuretur quod non nisi juratis secretariis domini pape consiliariis ostendatur[1], quoniam certum est quod hoc tam pium opus, instigante Sathana cum suo nephario exercitu, plurimos habebit emulos eidem nequiter adversantes, hanc majorem confusionem, quam post incarnati Verbi Passionis et Resurrectionis misterium passus est hactenus, Sathanas tamquam ejus fautores dampnabiliter impugnantes; ad quas persuasiones totaliter devincendas, non credo sufficere posse naturam humanam cujuscunque viventis, nisi ab eterno Patre luminum infinite potencie duratione vigoreque divinitus roboratam.

Quod cum, ex quo secundum rerum naturam est possibile,

---

1. Dubois réclame toujours le secret pour la discussion de ses projets. Cf. ci-dessous § 110, et *De abrev.*, fol. 28 r°, 31 v°. Il craint la vengeance d'ennemis puissants (§ 136).

prospere succedet, si in appetitu finis et operis executione
conveniant, per Dei graciam, summus salutis reipublice curatus in terris, ac prudentissimus princeps artis, usus et
experiencie rei militaris; pro quorum duorum in tam pio
proposito subsidii Terre Sancte, inter tot et tantas occupationes persistentium, statu longevo non solum spiritualis, sed
etiam temporalis vite feliciter augmentando, suoque desiderio
feliciter peragendo, vite supremum actorem, per cujus influenciam et conservationem omnia vivunt, in suis naturis per-
durant, per ejus assimilationem participant quidquid habent
bonitatis, continue per omnes et singulos ad hunc finem
gloriosum tendentes, expedit cum devotis mentibus unani-
miter exorare.

[LXV] **107**. Post hec autem sic finita, vehementer occurrit homines fore male contentos et communiter murmurantes
super hoc, quod eis non apparet nec apparere solet legata
Terre Sancte relicta et alia ob ejus Terre Sancte subsidium, Création d'un trésor de la Terre Sainte près de cha-
sub nominibus Templariorum, Hospitalariorum, et alias di-
versimode collata, subsidio predicto prodesse patenter; et que église ca-thédrale dio-césaine.
idcirco largitiones hujusmodi dampnabiliter fore plurimum
cessando munitas. Idcirco, ut cessent hec, videtur expediens
quod in ecclesia cathedrali cujuslibet dyocesis, videlicet in
ejus thesauraria, sit archivum publicum, in quo peccunie
modo quolibet ad hujus subsidium pertinentes custodiantur;
et cum opus fuerit ob hujusmodi subsidium, cum consilio
dyocesani loci, et magistrorum provisionis predicte, tradantur pugnatoribus ejusdem in terram ipsam transituris,
videlicet de illa dyocesi natis, vel aliis, transffretaturis,
scientibus et consulentibus cum dyocesi majoribus ejusdem
dyocesis, provincie, seu regni; propter que, si fiant, multo
plures fient donationes, etiam longe majores subsidio me-
morato; debitaque sibi manifestabuntur, que tacendo consueverunt perire; mittendique pugnatores, cum opus fuerit,
ob hoc longe facilius reperientur ubique. Propter quod
commodius faciendum, expedit in consilio statui quod

dyocesis locorum, aliique prelati, Predicatores et Minores, exhortentur et inducant omnes personas cujuscunque conditionis ad procurandum personas habiles utriusque sexus, Terre Sancte utiles, bene paratas cum expensis procurantium et alias cum expensis legatorum et aliorum conquestuum, usque ad mare undecunque mittendas, et ultra cum impensis predicte provisionis transituras; mittendas videlicet singulos centum viros, similibus robis indutos, cum baneriis et instrumentorum sonis, ut letantes forcius vadant, et alii multi moveantur ad sequendum eosdem[1]; conveniantque simul omnes de quacunque civitate et dyocesi in uno loco, die una; alio loco dieque postmodum omnes de una provincia. Ducentes uxores faciant unam cohortem; et non ducentes, aliam; quelibet cohors habeat unum superiorem justiciarium cui omnes in omnibus obediant.

Si vero transire volentes liberos parvulos habeant, dociles dimittant ipsos juxta provisionem predictam ad ejus impensas instruendos; ut, cum instructi et nutriti fuerint, sequantur parentes. Sic verisimile est quod singule provincie, civitates et loca sibi deputanda in Terra Sancta publicanda nitentur, totque mittent incolas quod erunt cito publicate; nec non quod sufficient ad publicationem et tuitionem; mittenturque singuli sic periti quod ut pedites pugnare statim poterunt competenter.

[LXVI] **108.** In assignatione vero civitatum et locorum, videtur hoc nullatenus omittendum propter bonum commune, videlicet quod ex nunc statuatur in concilio quod hominibus magis agilibus et solitis in suis terris natalibus pugnare, prout sunt Hyspani et multi alii, assignentur civitates et castra in finibus dicte Terre sita, ut paletando contra hostes, quociens neccesse fuerit, fines ipsos, civitates et castra defendant, succursum aliorum cum opus fuerit petituri; ut sic Terra Sancta muris bonis pugnatorum circondata, finibus-

---

1. Cf. ci-dessus § 16.

que suis vigorose defensis, interiori parte prosperata, sancte religioseque, favente Domino, valeat gubernari, quatinus ad utrumque spiritualem videlicet et temporalem gladium pertinebit; sic Sancta Loca venerando, divina in eisdem officia continue taliter exercendo quod merito placari valeat ira nostri Redemptoris, qui pro humani salute generis per suam ineffabilem misericordiam mortem ibi subire voluit temporalem.

[LXVII] Quod autem reformatio status universalis Ecclesie christicolarum, quoad virtutes, sit neccessaria ad hoc quod cessent prelia, et quod Terra Sancta a christicolis, cum sua quam Scripture testantur dulcedine habitetur et habitanda recuperetur, liquet et probari potest sacrarum Scripturarum exemplis et inconvincibilibus rationibus. Nam si peccatum unius hominis causa est infirmitatis, et demum per iterationem mortis committentis, quod probatur per verbum Domini, cum ait ad languidum quem sanaverat[1]: *Vade et noli amplius peccare, ne quid deterius tibi contingat;* et per decretalem inde sumptam, eadem ratione peccatum civitatis, seu majorum ejus, causa est dissensionis et bellorum ac mortis ; eadem ratione in peccatis regionis, regnorum et imperiorum. Nam que est ratio partis ad partem, eadem est totius ad totum ; et e contra, et ubi eadem ratio, idem jus ; ubi eadem causa, idem effectus, prout jura clamant et ratio philosophica arguit : et cum Apostolus dicat[2] : *Omnia quecunque scripta sunt, ad nostram doctrinam scripta sunt.* Quare videntes Scripturam, cujus modus sciendi fides est, in libris Machabeorum continentem in septuaginta annis tot mala, tot mortes, tot dolores, etiam bonis propter peccata malorum evenisse, quomodo summus sacerdotum, princeps Ecclesie totius, Petri locum tenens, Domini Jhesu Christi vicarius in terris, omnium christicolarum curam et salutem ardenter sitiens, estimabit per peccatores

Nouvelles prenves de la nécessité d'une réforme de l'Église et de la paix universelle. — Conclusion.

---
1. Joh., V, 14.
2. Rom., XV, 4.

recuperari et habitari posse Terram Sanctam, cum sit scriptum per Prophetam : *Loca non sanctificant homines, sed homines sanctificant loca.*

Nonne videns quod Scripture Sancte, bella detestantes, et predicatores hoc publice clamantes, non sufficiunt nec suffecerunt, temporibus retroactis, et, licet suffecerint in aliquibus locis et temporibus, tamen in paucissimis respectu mondi tocius ei subjecti? Nonne innumerabilia transacti temporis ab origine mondi exempla et experimenta ostendunt et probant defectum provisionis et ordinationis in summo capite tot membrorum, quod absit, nisi ipse, occasione tam colorate sibi data, per modum prescriptum imperfecte tactum, per ipsum perficiendum, aut alium meliorem eidem divinitus infundendum, querat et statuat, prout firmius poterit, reformationem et pacem perfectam, perpetuam ac stabilem status universalis Ecclesie tociusque reipublice christicolarum, sibi tamquam summo patri subjectorum.

[LXVIII] **109.** Quod autem hic summus sacerdos, curatus omnium, teneatur inter omnes filios pacis perfecte vincula, quecunque poterit stabilire, colligere et multiplicare, ut pax sequatur generalis et perpetua, potest inconvincibiliter non solum probari theologice, sed etiam philosophice loquendo demonstrari. Quia verum est quod philosophi, sola lege naturali utentes, legem mosaycam spiritualiter filiis Israël datam eis dimittentes, ratiocinando neccessario, finem ponentes in causis et causatis moventibus et motis, irrefragabiliter concluserunt unum fore primum principium movens omnia, a nullo motum omnium tamen non causatum, solum per se et de se ens, et bonum ; per bonitatis cujus participationem et non alias, omnia causata recipiunt et participant bonitatem ; in quo est veritas et bonitas omnium rerum per essenciam, et idem de omnibus virtutibus in abstractione designatis ; quod principium et causam primam Deum appellamus ; de quo loquens Philosophus circa principium libri Metheororum ait, causam reddens situs elementorum, quod : *Ita ea disposuit Deus gloriosus et sublimis;* et in libro Celi et Mondi, ait : *Ultra celum primum nichil est, nisi locus Dei et spirituum, et virtus et gloria in secula seculorum;* et Jacobus Apostolus, ut credo, de ipso loquens ait[1] : *Apud quem non est transmutatio, nec vicissitudinis obumbratio.* Si ergo ipse est rex et actor pacis ac pater, et Dyabolus pater et actor dissensionis, sedicionis et mendacii, neccessario sequitur quod omnes pacifici, et quacunque virtute tam naturali quam morali adquisita vel infusa virtuosi, per participationem virtutis ipsius Dei virtuosi dicuntur; et magis finem et minus, secundum quod plus vel minus assimilantur eidem, et ejus participant naturam, que est una simplicissima, tamen omnia complectens et continens, quoniam non solum perfecta, immo perfectissima; et si perfectum est cui nichil deest, de ratione nominis, sic ergo, multo fortiori ratione, perfectissimum quod est unicum, quia, quod per superhabundanciam dicitur, uni soli convenit (in quinto Metaphisice) : *Omnem sine defectu continet perfectionem.*

Sic ergo, ut senserunt philosophi, omnes virtutes sunt in Deo per essenciam; et idem sunt cum ipso, et ab ipso procedunt; ab aliis participantur per assimilationem. Sed, ut ait Philosophus : *Virtus est habitus de difficili mobilis*; et sacra Scriptura testatur[2]: *Cum omnes virtutes tendant ab bravium, sola perseverancia coronatur*; parumque prodest cadenti bona fecisse, quoniam qui offendit in uno factus est omnium reus.

Sic ergo pater omnium animarum, summus apostolicus, legens ab origine mondi usque nunc homines valde de facili fuisse continue motos ad seditiones et bella, facere volens omnes catholicos pacificos, et per hoc Dei filios, a subjectione demonum remotos, considerans Scripturas, predicationes et penas solitas ad hoc non sufficere, querere tenetur

1. Jac., I, 17.
2. Matth., XXIV, 13.

ex officii sibi commissi neccessitate, causas generales, stabiles et firmas pacis ubique terrarum, verisimiliter perpetuo duraturas, permansuras, et timendas cum penis fractionis utilibus, parum nocivis, recuperationi et conservationi Terre Sancte proficuis, cum perpetua timoris memoria.

[LXIX] Si predicti exilii perpetui et amissionis omnium bonorum pena, non solum bellicorum virorum, sed etiam parentum, liberorum et uxorum suarum, pre omnibus aliis timeatur, et prosit intentioni et desiderio subsidii Terre Sancte, ergo hoc vinculum pacis, tamquam melius, pre omnibus est aliis eligendum ; si vero aliud vinculum melius inveniatur, potius eligatur, juxta id quod ait Priscianus : *Nich.¹ in humanis inventionibus fore reor ex omni parte perfectum.* Quod sic fieri debeat et expediat expresse docuit summus Philosophus in sua Polytica, cum ait : *Propter homines, quibus non sufficiebat cognitio et persuasio boni et equi, ad hoc quod operarentur quod bonum erat et equum ad proximos et conjunctos, fuit neccessario inventa in civitatibus vis coactiva judicum.* Concordat ad hoc quod ait idem Philosophus in Ethica : *Si enim omnes essemus justi* (glosa : *videlicet justicia interiori, que est habitus et perfectio anime rationalis*) *non indigeremus justicia* (*videlicet exteriori,* *compulsiva per manum militarem*). Quoniam ergo non suffecerunt hactenus Scripture quecunque et predicationes ex Scripturis collecte, necnon etiam elegantes predicantium luctus et clamores, ad hoc ut frequencia catholicorum bella, necnon mortes temporales et spirituales tot et tantorum hominum exinde secute, cessarent, quare non inveniatur in ultimum subsidium novum remedium manus militaris, tamquam justicia neccessario compulsiva, suppositis exemplis que vidimus, et que Scripture ab origine mondi testantur ? Hec est demonstratio cui respondere est impossibile, moraliter et politice loquendo ; cum *sermones sint secundum materiam inquirendi*, sicut ait Philosophus, et ut in lege civili recitatur ; et idcirco ait Philosophus : *Peccat qui a rhetore petit demonstrationem, et qui a geometra argumentum*

Les imposer au besoin.

a signo. Et intelligit de demonstratione que per causas neccessario concludentes et inferentes conclusioni procedit; sed, politice loquendo, per presumptiones verisimiles conjecturamus de preterito et presenti in futurum, juxta id quod ait Philosophus : *Tum pulcherrime diffinitur unumquodque, cum diffinitio data de re concordat apparentibus ad sensum de eadem;* et in lege civili : *In incertis locus est conjecturis,* videlicet non quibuscunque, sed verisimilibus et probabilibus. Evenire juxta solitum hactenus cursum nature videmus quod malicia hominum et inclinatio ad malum, cupiditatem et avariciam, semper crescit; non autem sanctitas, orationes, affectiones, et sciencie predicantium bella detestantium. Idcirco si sanctitas, doctrina, et orationes sanctorum Patrum, bella catholicorum et eorum pericula cessare non fecerunt, quomodo presumet Apostolicus quod orationes et doctrine modernorum ac futurorum Ecclesie ministrorum, bella, cupiditates, et avaricias ex quibus procedunt, cessare faciant in futurum ? Si ergo alia pena verisimiliter magis timenda et proficua non inveniatur, hec fortificetur et perficiatur, secundum quod rex pacis prudentibus et expertis per suam graciam et misericordiam ministrabit, assiduarum orationum universalis Ecclesie devoto ministerio suffragante ; super quorum deliberatione, perfectione, emendatione et mutatione, pre ceteris locis videtur expediens, apud Tholosam, prelatorum et principum generale concilium salubriter convocari[1].

---

110. Premissis autem his scriptis et sic transmissis domino regi Anglie, cum literis clausis ipsum exhortantibus, tactis breviter utilitatibus spiritualibus rei misse, ad faciendum inspici transmissa, cito, secreto, per sapientes sibi

Expédier le mémoire qui précède au roi d'Angleterre et au pape.

---

1. Le mémoire destiné à Edouard Ier s'achève ici. Ce qui suit est adressé à Philippe le Bel. Voyez notre Introduction.

Deoque fideles Predicatores aut Minores, ut, detractis si que viderentur detrahenda, et superadditis expedientibus, secundum experienciam et prudenciam regie majestatis ac sapienciam consultorum quibus examinationem, correctionem et emendationem, favente Domino, salubriter duxerit committendum, per fideles, prudentes et expertos secretarios nuncios, domino pape, cessante dispendiosa mora, negocium et consilium salubre transmittat propter concilium taliter convocandum, quod de premissis possit sufficiens tractatus haberi.

Avantages que divers personnages trouveront à suivre les conseils de l'auteur :

[LXX] 111. Occurrit scribenti naturale desiderium, prout dedit Dominus, utendo solercia, que est secundum Philosophum subtilitas inveniendi medium, id est causas rerum quas videmus, in non perspecto tempore, videlicet expresse tangendo commoditates temporales que ex premissis sequi deberent et pervenire ad eorum principales actores, videlicet dominos papam, regem Francorum, ejus fratres et liberos, reges Sycilie et Alemannie, Fernandum de Hyspania et ejus fratrem.—Verisimile plurimum est quod dominus papa,

le Pape et les Français;

guerris sedatis secundum modos prescriptos, et regimine suorum temporalium, possessione et districtione, pro certa annua pensione perpetuo domino regi Francorum commissis, per fratres suos et filios, prout expedire viderit, gubernandis¹, poterit, cessantibus Romanorum et Lombardorum

---

1. Cf. ci-dessus § 40, p. 33. Cette idée de transporter au roi de France le patrimoine de saint Pierre n'était pas nouvelle : on la trouve déjà dans une lettre relatant l'entrevue d'ambassadeurs de Philippe le Hardi avec le pape Grégoire X, en juin 1273 : « L'esglise de outremons mout se deveroit esjoir, se elle estoit governée quant a sa temporalité par tel prince, et delivre seroit et aseur de turbations et des aversités qu'el a soffert longuement au teus des autres princes »; le pape répond que : « quant estoit de sa volenté, il vouroit mout que la chose se feit ». (Arch. nat., J. 318, n° 79 : cf. Coll. des Doc. inédits, *Mélanges historiques*, 1re série, I, p. 652). Cf. *De abrev.*, fol. 7 r° : « Poterit procurare ab ecclesia romana quod de cetero quicunque rex Francorum sit senator urbis Rome per alium hoc exercens, et quod ab ecclesia romana teneat totum patrimonium ecclesie romane, ita

insidiis venenosis, in sua terra natali regni Francorum, soli regimini animarum vacando, diu et sane vivere, Romani aeris sibi non natalem intemperiem evittando, quod omnibus ejusdem domini pape amicis, proximis et conjunctis, presertim toti regno Francorum, esset in perpetuum, plusquam nunc credi posset, salutare ; quoniam ultramontani beneficiorum pinguium citramontanarum ecclesiarum divicias, prout soliti sunt facere, pro suis et suorum turribus elevandis, fraudatis ecclesiis, divinis officiis non parcerent, et pinguia beneficia non haberent ; summa etiam ecclesie prelatio manus non effugeret Gallicorum, prout jampridem hoc solitum est per astucias et naturales versucias[1] Romanorum qui, calcare sub pedibus nitentes per superbiam suam humilitatem Gallicorum[2], temptare[3] presumpserunt, quod alias fuerat inauditum, super regnum Francorum et ejus supremum principem temporale dominium vendicare, summe pacis et concordie regnum ad seditionem perpetuam dampnabiliter incitando ; cujus tempestatis presumptuosum inicium, rege

quod, estimatis omnibus obvencionibus ejusdem patrimonii ad papam spectantibus tam de urbe romana, Tucia, maritimis et montanis, quam de regnis Sicilie, Anglie et Aragonie et aliis, per ma[jestatem] vestram habeat papa tantum quantum habere consuevit, vos autem homagia regum et aliorum principum ac omnes obediencias civitatum, castrorum, villarum habeatis... » Voyez aussi ci-dessous § 116, alinéa 3.

1. La haine de Dubois pour les Romains, les Lombards et les Italiens en général s'affirme dans tous ses écrits ; c'est, à ses yeux, une race hypocrite, vivant dans un climat malsain ; cf. *De abrev.*, fol. 28 v°: « Peccatum simulationis plus viget in una regione quam in alia, ut plerumque contingit in urbe romana, super quo novum viderunt exemplum peregrini ibidem querentes indulgenciam omnium peccatorum tanquam vere penitentes et confessi, qui refferunt se communiter ibidem et in via prope terram illam vidisse quod, cum in ecclesiis vel in via cadebat peregrinus cum equo, vel sine turba, cum impetu fortissimo, more brutali se ingerens, transiens super eum qui ceciderat, interficiebat eum statim cum equo vel sine, nec erat qui de hoc curaret ; et ob talia supra scriptum est quod expediet semper reges Francorum generari et nasci ac nutriri in regno suo, presertim in locis in quibus sunt homines regulariter bene dispositi propter meliorem influenciam celi et corporum que sunt in eodem ».

2. On sait que Boniface VIII renvoyait aux Français cette accusation d'orgueil, et parlait volontiers de la « superbia gallicana que non recognoscit superiorem in terris ».

3. Bongars a omis ici deux lignes entières (depuis *prout*).

pacis summam inter suos vicarios largiente concordiam, salubriter conquievit. Et quoniam papa romanus abusus est potestate, et hoc fecit in quantum Romanus, expedit et dignum est, juxta rationem statuti sanctorum Patrum, quod Romani, salvo et in omnibus augmentando papatus honore, longissimo tempore permittant inviti tantum honorem per tales exerceri qui summum honorem christianissimi principis rapere non nitantur; qui non transcendant terminos quos posuerunt Sancti Patres; qui quemlibet Cesarem in loco suo regnare, regere suisque bonis gaudere permittant; prout fieri debere precepit Salvator noster, sicut esvangelica veritas hoc testatur, cum, propter vittandum scandalum, pro se et Petro vectigal indebitum solvi precepit, dicens et Petro ac successoribus ejus relinquens exemplum[1]: *Reddite que sunt Cesaris Cesari, et que sunt Dei Deo.* Et cum lavisset pedes discipulorum, ait[2]: *Exemplum dedi vobis, ut quemadmodum feci vobis, sic et vos faciatis.* Ex quibus et per que verisimiliter opponatur scriptor presentium, qui hec previdit, ut tetigit in *Rationibus inconvincibilibus*[3] quas

---

1. Matth., XXII, 21.
2. Joh., XIII, 15.
3. L'*Histoire littéraire* (XXVI, 475), faisant allusion à ce passage, dit : « Dubois lui-même nous apprend que, le samedi qui précéda le dimanche de la publication de l'iniquité papale, c'est-à-dire de la bulle *Ausculta, fili*, il composa et remit à l'un de ses amis un traité contetenant des raisons irréfutables pour le roi contre le pape. La bulle *Ausculta, fili*, est datée du 5 décembre 1301 ; elle arriva probablement à Paris au mois de janvier 1302. L'écrit de Pierre Dubois dut par conséquent être rédigé dans les premiers jours de 1302. » Cet écrit est identifié avec celui qui a été publié par Dupuy, non pas, comme le dit encore l'*Histoire littéraire* (p. 497), d'après « le registre J. 493 du Trésor des Chartes », mais d'après le ms. lat. 10919 de la Bibl. nat. (*Preuves du Différend...* p. 44), et qui est intitulé dans le manuscrit : « *Deliberatio magistri Petri de Bosco... super agendis ab excellentissimo principe et domino, domino Ph., Dei gratia Francorum regis, contra epistolam pape romani, inter cetera continentem hec verba* : « Scire te volumus ». — Or, cette identification ne nous paraît pas probable. En effet, s'il faut entendre par « iniquité papale » la bulle *Ausculta, fili*, Dubois se vante clairement ici d'avoir rédigé ses *Rationes inconvincibiles* avant la publication de cette bulle, tandis que la *Deliberatio* publiée par Dupuy a été rédigée pour répondre au document *Scire te volumus*, substitué par l'entourage de Philippe le Bel à la bulle

scripsit Parisius, die sabbathi precedente dominicam publicationis iniquitatis papalis, quas eadem die tradidit amico suo, domino nunc episcopo Biterensi[1] : videlicet quod Summus Judex, cujus occulta sunt judicia, voluit talem ad summum pontificatus apicem per discordias Romanorum vocari per quem a personis cupidis, eorum exigentibus peccatis, elongetur diucius hec potestas et maneat apud illos qui alienas non nitentur rapere libertates, ut percipiant quod, propter abusus peccatorum, potestas Petro principi Apostolorum in terris commissa, ab eisdem ob hoc taliter elongatur. Quoniam rex Saül, de mandato Domini vocatus et unctus in regem, Domino et ejus precepto non obedivit[2], utens sensu proprio, non Domini nec Scripturarum, speciale Domini mandatum super amissione regni recepit : cujusmodi mandata hodie facit Dominus solum per sacras Scripturas et earum expositiones ; in quibus et per quas querere debemus causas verisimiles et probabiles omnium effectuum quos videmus, juxta illud Apostoli[3] : *Omnia quecunque scripta sunt, ad nostram doctrinam scripta sunt.* Quare in tot Scripturis recitatum legimus, propter diversa peccata, mala diversa tot et tanta contigisse, nisi ut talium exemplo timeamus peccata committere, ne talia majoraque mala sequantur ? *Si enim,* ut ait Philosophus, *si omnes essemus justi* (justicia videlicet interiori), *non indigeremus justicia* (videlicet exteriori). Propter illos quos Dei timor et amor a malo non revocat, et quos non facit malum declinare, requiritur aliquando virga

---

Ausculta, fili. D'autre part, l'opuscule remis à Richard Leneveu devait porter positivement le titre de *Rationes inconvincibiles ;* aucun opuscule de Dubois ne nous est parvenu sous ce titre. Enfin l'analyse que l'auteur nous donne dans le présent § 111 de ses *Rationes inconvincibles* ne correspond à aucune de ses œuvres aujourd'hui connues. J'en conclus que Dubois ne fait point allusion ici à sa *Deliberatio* de 1302 ; et que les *Rationes inconvincibiles* sont aujourd'hui perdues.

1. Sur Richard Leneveu, normand, archidiacre d'Auge, puis évêque de Béziers (1305-1309), v. *Histoire littéraire*, XXVI, pp. 539-551.
2. Rois, XV.
3. Rom., XV, 4.

ferrea quam mittit Deus juxta illud : *Reges eos in virga ferrea*[1]. Et qui causas hujusmodi virgarum non advertunt ut imitatores duricie Pharaonis, ob hoc temporaliter, et demum, si non resipuerunt, eternaliter punientur. Idcirco omnium effectuum quos contingere videmus causas probabiles expedit perquirere, juxta dictum commune Hugucionis quo cavetur :

Felix qui rerum potuit cognoscere causas.

Et Philosophus : *Propter admirari, primo ceperunt summi sacerdotes in Egypto philosophari,* videlicet querendo causas probabiles et verisimiles effectuum quos videbant. Contra doctrinam Scripturarum divinarum peccant qui malorum eventus imputant soli fortune, non peccatis. Nonne dicit Dominus[2] : *Propter peccata populi regnare faciam ypocritam?* et canon Augustinus : *Propter peccata populi datur aliquando malus princeps et malus prelatus,* quoniam populus non est dignus habere bonum principem nec bonum prelatum. Eadem ratione timere debent principes et prelati, ne propter sua peccata populus fiat malus, et insurgat in eosdem. Quilibet debet seipsum accusare, non justificare.

112. Si dominus papa in regno Francorum diu remanserit, verisimile est quod de ipso regno tot creabit cardinales[3], quod papatus apud eos remanens manus rapinosas tantum effugiet Romanorum ; quod ipsis hujus rei causa verisimiliter apparebit, ut in posterum perpetuo studeant alienarum libertatum rapinas vitiare, ne quid deterius contingat eisdem.

---

1. Psalm., II, 9.
2. Job, XXXIV, 30.
3. Clément V suivit assez bien ce conseil : dans les trois promotions de cardinaux qu'il fit en 1305, 1310 et 1312, il créa vingt-huit cardinaux, dont vingt-cinq français. Voyez les listes données par M. Souchon, *Die Papstwahlen von Bonifaz VIII bis Urban VI*, Brunswick, 1888, in-8º.

[LXXI] **113.** Quod rex Sycilie per prescriptas provisiones[1] valde magna commoda consequatur liquet manifeste, quoniam regnum Jerusalem longe et in immensum plus valebit ei quam omnia que possidet; quoniam omnes terre sub annuo censu novo poterunt committi; et defendetur regnum cum bonis Templariorum, Hospitalariorum, et aliorum prescriptorum; recuperabit et regnum Sycilie, regno Sardanie Federico, ut prescribitur, assignato et liberato.

114. Rex etiam Alemannie, temporalis et transitorius, pro se et heredibus suis perpetuo regnum habebit cum imperiali honore.

le roi d'Allemagne et

115. Dominus etiam Karolus, sic perpetuo sedatis guerris christicolarum domino pape obedientium, de facili, per Dei graciam, Constantinopolis imperium poterit occupare et ad hec pugnatores sufficientes habere, quod non est verisimile ipsum alias habiturum.

Charles de Valois

116. Que omnia sic prospere fieri plusquam scribi posset interest et intererit domini nostri summi regis Francorum, liberorum suorum, fratrum et totius sue posteritatis. Nam per modum prescriptum, si id opus bene applicetur, ipse poterit omnes reges et principes ecclesie romane obedientes sibi confederare predictoque fratri suo, qui propter tantum conquestum imperii Grecorum sine confusione re-

---

1. L'attribution du royaume de Jérusalem au roi de Sicile se rencontre ici pour la première fois, et cependant Dubois semble faire allusion à un passage précédent de son mémoire. L'*Hist. littéraire* (XXVI, p. 481) voit là la preuve d'un remaniement de l'ouvrage : « Peut-être l'exemplaire du *De recuperatione* destiné au roi de France avait-il un développement sur ce sujet, développement que l'auteur aura retranché dans l'exemplaire adressé à Edouard Ier, tout en laissant subsister au c. LXXI une phrase qui s'y rapportait ». Nous croyons plutôt à une inadvertance du copiste de notre ms. unique, qui aura omis la phrase où, peut-être vers la fin du § 103, Dubois parlait de la nouvelle couronne qu'il destinait au roi de Sicile. — Cf. ci-dessous *Appendice*, § 3.

gni Francorum, guerram movere et persequi usque ad mortem non posset omittere.

<small>Agrandissement de la France aux dépens de l'Empire;</small>

Multum[1] erit proficuum et honorabile domino regi Francorum si regnum et imperium Alemannie possit suo fratri nepotibusque perpetuo procurare, super quo cum rege moderno expediret convenire[2], antequam sciret novum modum pacis predictum, quod dominus rex pro se et heredibus suis haberet, prout dicitur alias conventum fuisse[3], totam terram sitam citra Rinum Coloniensem, vel saltem directum dominium et subjectionem comitatuum Provincie et Saveie cum toto jure quod habere posset imperator in Lombardia, Januensi vel Venetensi civitatibus et territoriis ; sic dominus rex ingressum Lombardie liberum haberet ; et hoc secreto fieri expediret inter reges Francorum et Alemannie cum approbatione et confirmatione pape, ut, hoc sic concordato et firmato, confirmaretur Imperium regi Alemannie sueque

---

1. Cet important alinéa, omis par Bongars, a été imprimé pour la première fois dans la *Revue historique*, XLI, p. 85, note.

2. Dubois ne vit jamais, dans ses rêves les plus optimistes, d'autre moyen qu'une convention pour venir à bout de l'Allemagne : Cf. *De abrev.*, fol. 10 v° : « Non apparet nec occurrit scriptori qualiter regni Alemannie subjectio alias quam propter convencionem posset adquiri... »

3. Comparez *De abrev.*, fol. 3 : « Si regia majestas, ut dicitur, supremum dominium regni Arelatensis et terrarum citra Rinum Coloniensem et Lombardiam a mare meridionali usque septentrionale existentium de novo adquisivit et tenere proponit... » — Allusions à l'entrevue de Vaucouleurs (décembre 1299) entre l'empereur Albert d'Autriche et Philippe le Bel. Une alliance y fut conclue, mais l'imagination des contemporains imputa aux deux alliés des conventions grandioses qui étaient restées bien loin de leur pensée. Dubois ne fut pas seul à croire que Philippe le Bel avait garanti à Vaucouleurs l'hérédité de l'Empire dans la famille d'Albert d'Autriche en échange d'importantes concessions territoriales. Ottocar, le chroniqueur de Saint-Pierre d'Erfurt, se sont faits en Allemagne l'écho de cet on-dit, reproduit aussi en France par Guillaume de Nangis. Voyez P. Fournier, *Le royaume d'Arles et de Vienne*. Paris, 1891, in-8°, pp. 315-6. — Que Dubois ait encore cru à l'époque où il rédigeait le *De recuperatione* à la légende populaire sur l'entrevue de Vaucouleurs, qu'il avait recueillie dès 1300 dans le *De abreviatione*, c'est une preuve qu'il ne vit pas des coulisses le spectacle de la politique internationale de son temps, mais qu'il y assista de loin, médiocrement renseigné, comme le public ordinaire.

posteritati, datis muneribus electoribus, saltem laïcis, ut assentirent. Papa bene faceret prelatos electores imperatoris assentire, quoniam eorum multipliciter interest solitas guerras Imperii et subditorum ejus cessare.

Tunc si dominus papa sub annua perpetua pensione traderet domino regi totum patrimonium Ecclesie cum obediencia temporali omnium vassallorum ejusdem, de quibus sunt multi reges, acto et concordato quod dominus rex Senatorem romanum constitueret unum de fratribus suis aut filiis, qui in abscencia regis ipsius esset supremus patrimonii justiciarius, a cujus sentenciis posset domino pape supplicari quod, visis processibus earum de quibus se posset intromittere, infirmaret, confirmaret, aut alias emendaret easdem. *du pape eu Italie.*

Tunc si Lombardi, Januenses et Venetenses obedire non vellent regi, tributa et redevancias olim ab eis imperatoribus debitas solvere, interdiceretur eis statim tota communio omnium catholicorum domino pape obedientium[1], novum modum et statutum pacis predictum observantium; et etiam commercia omnium rerum interdicerentur eisdem. Dominus rex libere intraret Lombardiam per Saveiam; Senator et Imperator ac rex Sycilie ex aliis partibus venirent[2]; devicti in exilium perpetuum mitterentur. Sic non posset durare, sed neccessario caderet eorum antiquata superbia, nec non Romanorum, Tuscanorum, Campanorum, Apulo-

---

1. Sur la manière de s'y prendre avec les Lombards, cf. le *De abrev.*, (fol. 8 r°) : « Si Lombardi vobis nollent obedire..., possetis eorum terram et omnia victualia vastare, ingressus victualium aliarum regionum de facili prohibendo, ita quod ipsi, intollerabili fame compulsi, thesauros mundi quos per suam astuciam et maliciam congregarunt vobis redderent, et tanquam servi vobis in perpetuum obedirent; nec credo post originem mundi tantum conquestum diviciarum factum fuisse quantum ibi faceretis..... ». — Cf. ci-dessous § 118, alinéa 6, p. 110-111.

2. *De abrev.*, fol. 8 v° : « Si quis opponat Lombardos tantum habere populum cum fortaliciis quod jampridem imperatores et reges Alemannie non potuerunt eos in brevi tempore subjugare........ multi et infiniti sine gagiis et stipendiis propter lucri spem current illuc ; et, si credatis expedire, nonne reges Sicilie et Alemannie, qui sunt illi terre proximi, poteritis in vestrum auxilium invocare ? »

rum, Calabrinorum, Siculorum et omnium regnorum ac provinciarum pape obedientium, per novum predictum pacis inviolabile statutum ligatorum.

Item per hunc modum obedirent domino regi Anglie, Aragonie, et Majoricarum reges, quatinus in temporalibus pape tenentur obedire, fierique posset conventio cum creando rege Guernadie qui ipse domino regi obediret ; forte posset in concilio procurari quod injustus detentor regni Castelle, mortaliter peccans contra filium fratris sui primogeniti tenendo regnum contra jus commune, nec non contra conventiones initas inter sanctum regem Ludovicum et patrem ipsius violenti detentoris, prelatos et barones regni Castelle, cum tractatum fuit et concordatum matrimonium inter filium primogenitum regis Castelle et dominam Albam, predicti Sancti filiam, super dimittenda regni successione nepotibus ex filio primogenito, si patrem eorum, prout accidit, decedere contingeret ante avum, salva sibi corona regni Castelle cum emolumentis, compromitteret in dominum papam, ut ipse de ceteris ordinaret.

De l'Espagne.

Tunc ipse Guernadie regnum nepoti ejus qui conventionem fregit, et aliud regnum alteri assignaret, regno Castelle violento possessori dimisso, taliter quod ipsi, propter habendum contra Saracenos subsidium regni Francorum, ejus regi obedirent, ut sic toleraret Castelle regnum possidere. Nec esset mirum si rex Francorum terre quam ejus antecessor Karolus Magnus adquisivit Saracenis expulsis, et que matri Sancti Ludovici per successionem obvenit, homagium ac obedienciam haberet, utili dominio Hyspanis salvo ; super quo dominus papa quoad obedienciam regni Castelle demum ordinaret, ceteris provisionibus firmatis, dominis Fernando et ejus fratre sua regna libere possidentibus, domino rege ceterorum conquestuum predictorum possessione gaudente.

[LXXII] **117.** Expediret etiam ex nunc quod dominus rex et ejus frater in concilio firmarent et quererent sibi confederationes cum omnibus principibus ibi convenientibus, prout magis possent, propter habendum ab omnibus auxilium super adquisitione imperii Grecorum, post viam Terre Sancte facienda ; quod primus faceret seu facere deberet libentissime rex Sycilie cum suis omnibus, videlicet eis qui ipsum tam magnifice, prout premittitur, adjuvabunt, totum navigii, hominum et bonorum, quod facere poterit, auxilium promittendo.

Alii etiam omnes facilius ad promittendum auxilium et faciendum movebuntur, quam possent tunc ad faciendum induci, si promissio firmata minime processisset.

Cessantibus enim inter catholicos guerris solitis et sopitis, viri bellicosi, ne remaneant tunc in suis locis occiosi, ad subsidium armorum faciendum et videndum in terra remota, longe facilius solito movebuntur ; in quo, premissis suppositis, verisimile est omnes habitantes inter Occidentem et Greciam, citra mare Mediterraneum, prope ripam ejus videlicet, viros bellicosos cum navigiis de facili convenire.

Tunc ex multis partibus tam per mare quam per terras expediet Grecorum terras et imperium insultare, cum multis et magnis provisionibus, tactis[1] in uno libello *Super abreviatione guerrarum et hujusmodi provisionibus,* per presentium scriptorem edito, et apud Tholosam misso et tradito perito et fideli amico regni, magistro Joanni de Fores-

Projets de Charles de Valois sur Constantinople. — Résumé d'un mémoire antérieur sur ce sujet.

1. Le passage du *De abreviatione* (fol. 9) où Dubois parle des projets de Charles de Valois sur Constantinople est muet sur la manière de diriger l'expédition contre l'Empire grec et sur les *provisiones* dont il est ici question. D'autre part, le *De abreviatione* a été certainement rédigé à la fin de l'année 1300. Or, Dubois va nous apprendre qu'il avait remis son *Libellus super abreviatione guerrarum et hujusmodi provisionibus,* où il était question de la tactique à suivre contre Paléologue, pendant un séjour du roi à Toulouse. Mais Philippe le Bel n'a séjourné à Toulouse, comme l'atteste son itinéraire, depuis le mariage de Charles de Valois avec Catherine de Courtenay jusqu'à la date de la rédaction du *De recuperatione,* qu'en janvier 1304. J'en conclus que le *Libellus* de 1304, où Dubois traçait le programme d'une expédition à Constantinople ne doit pas être confondu avec le *De abreviatione*. C'était probablement un remaniement de la première partie de ce dernier mémoire, qui est aujourd'hui perdu.

ta[1], cum domini rex et Karolus fuerunt ibidem[2]; quod fuit factum ad inducendum dominum Karolum et ejus consiliarios ac amicos super hujusmodi et aliis conferentibus provisionibus providendis, querendis paulatim et servandis.

Quo libello inspecto et occasione inde sumpta, curare et facere deberent domini rex et Karolus ac eorum amici, in experiencia et prudencia armorum instructi, aliquos prudentes, expertos, sibique fideles, facere super omnibus ad hec conferentibus providendis sollicite vigilare. Quoniam, ut ex premissis dictoque libello patet, in terra cujus omnes Gallici literas et omnia laicorum ydiomata ignorant, difficilimum erit habitare, dilectionem et confederationem habitatorum, qui naturaliter odire consueverunt Latinos, querere, et ipsos, si subjugarentur, regere, et cum ipsis conversari. Nec tendere debet bonus princeps ad totum populum perimendum; si ad hoc tenderet, non bene sibi contingere deberet, nec hoc facere posset.

Quomodo ergo superstitum dilectio queretur, quomodo regentur per illos qui ipsos non intelligent plusquam aves celi garulantes et feras mugientes ac serpentes sibilantes? Nec sufficient extranei linguarum interpretes, quoniam de ipsis confidere periculosum erit, et quoniam tales ad sufficienciam inveniri non possent ad regimen Imperii, numero et prudencia sufficientes. Homines extranei, quoad Gallicos barbari, sicut sunt omnes qui linguam Grecorum nove-

1. Maître Jean de la Forêt fut l'un des nombreux ministres familiers de Philippe le Bel, comme Pierre de Latilli, Pons d'Aumelas, Hugue de la Celle, etc., dont nous ne connaissons guère que le nom ou le *cursus honorum*. Nous le trouvons en qualité de commissaire extraordinaire du roi dès 1297 dans les sénéchaussées du Midi (*Hist. gén. de Languedoc*, éd. Privat, X, cc. 341-46). En 1298, il siégea au Parlement de Paris (*Olim*, II, 423). En 1299, le trésor du Louvre fournit aux frais d'une mission de Jean de la Forêt en Angleterre (L. Delisle, *Mémoire sur les opérations financières des Templiers*, Paris, 1889, in-4°, p. 60). — Voyez aussi Arch. nat., J. 457, n° 9.

2. L'itinéraire de Philippe le Bel (*Historiens de France*, XXII, 443) signale le séjour de ce prince à Toulouse du 3 au 20 janvier 1304. Il resta dans cette ville au moins jusqu'au 22 (Baudoin, *Lettres inédites de Philippe le Bel*, Paris, 1887, in-8°, n° 187).

runt, de facili moverentur et corrumperentur, ut proderent et deciperent quos sibi terreque illi barbaros reputarent. Quomodo potuisset beatus Paulus et alii apostoli, qui omnes erant Ebrei, solam ebraycam linguam tam litteratam quam maternam partium Jerusalem cognoscentes, omnibus barbaris nationibus Euvangelium Dei predicare intelligibiliter et docere, nisi Deus ipse exercitium omnium linguarum dedisset eisdem ? Alias non potuissent cum barbaris communicare. Hoc exercitium et notionem linguarum habentes, modis omnibus opportet et expedit diu ante providere ; hoc enim est, quod pro auro, argento, et gemmis tunc sufficienter reperiri non posset. Idcirco modo prescripto vel alio meliori seu faciliori, hoc expedit, antequam veniat neccessitas, procurare.

[LXXIII] **118.** Quatinus vero pertinet ad dominum regem certum est quod multi opponent et murmurabunt, quod dominus rex non posset commode tot conquestuum sustinere labores, nec tot subjugare bellicosas regiones, et sic ei tam magna invadere non expediret. Ad hoc probabiliter responderi potest : Dominum regem ad magna vacare et eadem aggredi expedit, juxta illud legislatoris Justiniani qui in principio sui libri ait : *Occupatis nobis circa totius reipublice curas, et nichil parum eligentibus cogitare,* etc. Objection. Le roi ne doit pas s'exposer.

Si enim quilibet princeps debet esse magnificus, magnanimus, magna donare debet, multo fortius hic quam alii debet esse talis. — Verum est quod tanto regi personaliter difficile et periculosum est obstagiare, bellum commune subire.

Unus enim de fratribus suis, filiis et consanguineis ejusdem principis, cum paucioribus impensis et periculis quam ipse, posset hoc facere, et cum paucioribus pugnatoribus, in duplo seu triplo ; nec sic facere tutum esset nec expediret, nisi dicta provisio pacis generalis prodesset.

Quoniam verisimile est quod rebelles non invenient coadjutores, quoniam omnes simili pena punirentur, excommu-

Retour sur l'éventualité d'une opposition à la provisio qui fait l'objet du présent mémoire.

nicarentur, omnes majores et nobiles perjuria incurrerent, et sic infamia notarentur, et ob hoc caderent in opprobrium sempiternum. Conquestus isti, excepto conquestu patrimonii beati Petri, non publicarentur ante expeditum negocium Terre Sancte, confirmarenturque vincula pacis perpetue generaliter, quasi subito ubique, propter ardorem et accelerationem itineris subsidii Terre Sancte. Tunc vinculis pacis juratis ab omnibus principibus, prelatis et nobilibus, et per instrumenta publica vallatis, taliter quod ligarent heredes et obligarent ad similiter jurandum. Et hiis ad thesaurum ecclesie romane perlatis, repositis, et in registro publico redactis, inciperetur, et, dante Domino, feliciter perficeretur expeditio Terre Sancte.

Tunc domini papa et rex monerent omnes subditos conquestus predicti, sub penis omnibus quibus possent, de obediendo justiciariis regalibus; ut inobedientes, quamprimum fieri posset, secundum tenorem provisionis pacis, modis omnibus taliter punirentur quod pena paucorum multis cederet ad terrorem, fierentque omnes homines boni, videlicet bene dispositi propter exhortationem premiorum, et mali propter metum penarum[1] ipsis et omnibus eorum posteris perpetuo duraturarum.

Nam illi qui provisionem pacis impugnarent in Terram Sanctam ad ejus defensionem mitterentur, cum per principem cujus interesset possent superari; quod cito fieri debet, quia propter similis pene timorem alii non auderent ipsos juvare. Nec est verisimile quod omnes prelati et nobiles alicujus regionis simile vellent perjurium committere; et sic contra se invicem possent dividi per doctores et suasores operum regis pacifici[2] : *Et omne regnum in se divisum desolabitur nec durabit ;* sicut contigit in tempore quo imperator cujuslibet civitatis Lombardie subjectionem de-

---

1. Cf. *De abrev.*, fol. 1 v° : « Ipse faciet omnes homines bonos, primo metu penarum, et exhortatione premiorum ».
2. Matth., XII, 25.

negantis alteram partem sibi confederavit, quam vocavit partem Guibelinorum; et aliam partem que adhesit pape vocavit partem Guerpharum; et sic, mediante parte sibi confederata, cito sibi subjugavit utramque[1]. Ex quo patet partem Guibelinorum, que vero domino se reconciliavit, fuisse et esse saniorem illa que pape se subjecit, ut sui principis subjectionem et obedienciam declinaret; et sic jampridem Lombardi, propter suam superbiam et divicias patrieque fortalicia, presertim quoad introitus, in rebellionis audaciam prorumpere presumpserunt, imperatori subjectionem denegantes quam prescribere nequiverunt, sic in legem Juliam Majestatis peccatum gravissimum committentes; propter que ipsi eorumque tota posteritas debent per amissionem omnium bonorum puniri; et si papa deviceretur ipsos sic gravissime peccantes defendere, contra eorum principem, suumque tocius patrimonii Ecclesie patronum, fundatorem et dotatorem, videtur quod ipse, si hec dicere et scribere fas est, ut ingratus feloniam committeret, et penam contra tales statutam sustinere deberet.

[LXXIV] 119. Quod autem sit conveniens rationi dominum regem quiescere, procreationi, educationi et doctrine liberorum vacare, judicium et justiciam tam per se in majoribus causis et negociis quam per alios facere fierique mandare, *Le roi ne doit pas s'exposer.*

---

1. *De abrev.*, fol. 8 v°: « Quidam subtilis Imperator, desiderans eos [Lombardos] in brevi tempore subjugare, videns quod in quolibet civitate erant due partes sibi invicem adversantes, mandavit successive et secrete alteram quam magis noverat, seu quam forciorem esse credebat cujuslibet civitatis partem, faciens cum ea confederacionem ob destruendam partem eis adversam, simulans et tacens suum propositum super utraque parte imperio suo subjuganda; et sic, cum magno exercitu veniens ad terram illam sine obsidione longo habuit facilem ingressum per partem suam quam Guibelinorum appellavit in quolibet civitate. Pars altera pape convocans auxilium se partem ecclesie fovere dicebat, cujus partis actores Guerphas appellavit, dicens adversarios qui domino et principi suo adversabantur peccando mortaliter ecclesie fore filios; et per hanc occasionem imperator utramque partem sibi subjugavit. »

per suos proximos, fidelissimos duces bellorum obstagiare, de pugnatoribus et rebus ad pugnandum tam neccessariis quam conferentibus providere, patet ex hoc et per hoc quod ait Philosophus in sua Polytica : *Homines intellectu vigentes naturaliter sunt aliorum rectores et domini.* — *Anima vero sedata fit sapiens et prudens*, ut ait septimo Phisicorum. Sic quiescebat sanctus David, contemplationi vacando, mittebatque filios Israël ad obstagiandum. Duces bellorum sic missi cito poterunt equitare, subito bellum inire, insidiose procedere, huc et illuc nocte dieque se transferre ob gravandum hostes, plerumque de spoliis hostium poterunt vivere ; que non posset tantus rex et princeps, quem non decet propter paucum populum ad arma publice exire, regimen quasi sine comparatione majorum populi dimittendo. Non decet tantum principem, dimisso tot et tantorum regimine, periculo casuali et fortuito mortis se supponere, ne, *percusso pastore*, Dyabolo instigante, *dispergantur oves gregis*[1] ; sed per ipsum principem mittentem exercitum ad aliquam provinciam rebellem debellandum decet ordinari mittendo, quod si forte ducem belli mori, vulnerari vel infirmari contingat, seu alias impediri modo quolibet, alter statim ei subrogetur, si mortuus sit, simpliciter et pure ; si alias impeditus, quousque convalescat ; qui statim cum consilio statuto ulterius celeriter et mature procedat. Magnum enim exercitum propter impedimentum unius hominis quiescere, occiosum esse et dimittere, esset magnus defectus ordinationis. Boetius vero *solum illud*

---

1. Dubois pouvait ici faire légitimement appel à la triste expérience des deux derniers rois, Louis IX et Philippe le Hardi, morts de maladie en campagne. Il n'y manque pas dans le *De abrev.*, fol. 11 : « Quid autem contingere consuevit per festinatam mortem principis obstagiantis, etiam sine armis decedentis, clarissime declaravit, magnifestavit vobis summa magistra et doctrina rerum experiencia illustrissimis progenitore vestro et avo, armorum percussione cessante, viam universe carnis ingredientibus, propter aeris intemperiem et corruptionem gravatis, cum juxta solitum nature cursum multo majori tempore vivere debuissent et potuissent ».

reputat debere dici esse in mondo quod ordinatum est servatque naturam ; et, ut ait Philosophus: *Sicut mondus totus est unus, unitate ordinationis finis, quem omnes querunt, qui est primum principium, quod Deum appellamus; sic exercitus est unus, unitate ordinationis, quam querit dux belli, qui est victoria, quam querere debent omnes et singuli de exercitu;* seque ad hoc ordinare propter bonum finem, videlicet ut pax perpetua habeatur, et ut tempore pacis plene, libere, et perfecte vacare possint homines virtutibus et scienciis acquirendis. *Qui alias appetit bellum propter bellum in fine malicie est,* ut testatur Philosophus. Qui sic humiliter per Dei potenciam, non propriam victoriam et pacem querit, invenit pacem Dei, *que superat omnem sensum,* secundum Apostolum [1].

120. Si tantus princeps rex Francorum non haberet nisi unicum filium, in regno sibi successurum, sine magno metu probabilis casus non constitueret eum ducem belli periculosi; nec constitutus ita secure aggrederetur terribilia in quibus mors emineret, sicut si plures fratres haberet. Ergo regem ipsum et filium ejus primogenitum decet procreationi liberorum vacare, et alios filios ac fratres duces bellorum constituere; ut enim ait Philosophus: *Fortitudo, que omnes militantes facit virtuosos, bonos et justos, est aggressio terribilium in quibus mors eminet, propter bonum commune, non proprium ;* quoniam, ut ait in Polytica : *Princeps qui dominatur, propter se querens commoda propria, non reipublice, dici non debet princeps, sed tyrannus.* Et si querat a Deo per ejus potenciam, humiliter, bonum commune, videlicet solam salutem reipublice, consequitur bona propria et commoda sicut omnia bona mondi venerunt Salomoni cum sapiencia, quam solam a Domino postulavit.

[LXXV] De hiis et qualiter guerras expediat modernis temporibus plusquam olim abreviare, plenius dictum est in libello *De abreviatione guerrarum et litium regni Francorum,*

Son fils aîné non plus.

---

1. Phil., IV, 7.

et de reformatione status universalis reipublice christicolarum[1] ; que non scripsi quia crederem sufficere, sed ut prudentibus et expertis occasionem darem opus perfectum in hiis et aliis ad hec conferentibus fabricandi. — Pauca enim in hoc mondo consueverunt ita bene fieri quin possent fieri et ordinari modo perfectiori et commodiori; quod videre potest dominus rex, considerando quanto minus se suumque populum gravasset obstagiando, si servicia armorum sibi debita non more solito, sed ut sequitur exegisset[2].

De la réforme du service militaire dans le royaume de France.

[LXXVI] **121.** Certum est quod armorum servicia propter regni defensionem fuerunt statuta super majora et nobiliora feoda ; quod servicium est ordinaria prestatio patrimonialis debita a quocunque feodum tenente, per tenentem aut alium ydoneum prestanda et facienda ; non annuatim, sed demum cum neccessitas hoc exposcit. Et quia non solum domini

1. Allusion au *De abreviatione* de 1300. Voici le passage de ce mémoire (fol. 10 v°) où l'auteur avait en effet déjà exposé l'idée présentée dans les § 119-120 : « Si quis opponat quod vestra regia majestas tot et tanta aggrediens... pacem habere non posset, responderi potest... quod contrarium per Dei graciam verum erit, quia vos plures fratres, filios, nepotes et alios proximos habetis et habebitis, quos cum multitudine militum et populi bellorum vestrorum duces et principes facietis, remanentes in terra vestra naturali, liberorum procreationi, eorum educacioni, instructioni, exercituum preparationi vacando, ad honorem Dei qui est vera justicia, qui justa facientes suos facit filios judicii. — Si quis arguat iste modus regendi est alias inauditus, ergo non est eligendus, nec propter ipsum recedendum ab hiis que fuerunt per longam vivendi consuetudinem approbata, respondeo : ymo legitur nonnullos romanos Imperatores sic quamplurima mundi regna et climata gubernasse. » Dubois cite, après l'exemple des empereurs romains, celui du roi des Tartares (ci-dessus, p. 18, note 1). — Comparez les § 118 (au début), 139 et 140 du *De recuperatione* lui-même.
2. Cette phrase sert à l'auteur de transition (transition pénible) pour passer des choses de la politique extérieure aux choses de la politique intérieure de la France. Le *De abreviatione* de 1300 est ainsi divisé en deux parties. Dans la première, il laisse entrevoir à Philippe le Bel la perspective de la domination universelle ; cette partie correspond exactement aux § 110-130 du traité que nous publions ici. La seconde est consacrée, dans un esprit hostile au clergé, à la critique de l'organisation judiciaire du royaume de France, et, subsidiairement, à celle du régime monétaire inauguré par Philippe le Bel ; les § 121-136 de notre traité y font pendant : il y est parlé des vices de l'organisation militaire du royaume de France, et, subsidiairement, de l'altération des monnaies.

regis et eorum qui tenent feoda debentia servicium hujusmodi interest regnum defendi, sed etiam plurium aliorum qui franca tenent feoda, speciali servicio non honerata sed etiam, licet minus, cujuscunque de populo qui tenent feoda, plerumque longe minoris valoris, et annuis redditibus honerata, ut in pluribus fere usque ad totum vel saltem dimidium annuum feodi valorem.

122. Interest etiam ministrorum Ecclesie regnum defendi, propter eorum spiritualia et temporalia commoda sensibilia. Et sic omnes sunt vocandi debentes servicia propter duas causas et rationes, que plus operantur quam una : videlicet debent hoc servicium quociens eminet neccessitas, et ob hoc feoda habuerunt ; ob hoc dominus qui tunc erat rex eis feoda concessit ; et eorum quemlibet defendit et defendere tenetur contra quemlibet armorum violenciam inferentem ; et sic interest eorum ut reddant quod debent, et quia pacem habere suisque bonis, ut virtutibus et scienciis adquirendis, vacare alias non possent. Idcirco, cum instat neccessitas, primo vocandi sunt, et, si sufficit auxilium quod debent vel sufficere verisimiliter creditur, si dominus rex vocet eos qui non debent hoc nobile servicium, querit ut eis noceat, non ut sibi prosit ; ex quo sequitur secundum provisionem legalem quod hoc non est eidem ignoscendum ; et sic peccat mortaliter quia vocat et judicat non debentes vocandos, cum non sint.
Ce qu'il faudrait faire.
Ban des feudataires ;

123. Si vero dominus rex, saniori quo potest fungens consilio, judicat omnium debentium armorum servicium auxilium sibi non sufficere, potest vocare retrobannium, videlicet primo auxilium franca feoda tenentium, et, si sufficiat, debet esse contentus ; si non sufficiat, vocare debet, quatinus secundum verum et rectum judicium sibi deest, et non ultra, auxilium populi, id est omnium feoda non franca tenentium[1].
arrière ban.

1. Dubois avait la plus haute idée des ressources militaires de la

Dernière ressource: réquisition des biens d'Eglise.

[LXXVII] Et si bona domini regis et istorum cum omnibus precedentibus, franca feoda tam debentia servicium quam non debentia tenentibus, non sufficiunt verisimiliter ad defensionem, tunc in casu neccessitatis defensionis regni, que legem non habet, dominus rex, quatinus sibi deest ad commodam defensionem, exigere et capere poterit de bonis ecclesiarum et ecclesiasticarum personarum. Et hoc est ultimum finale subsidium quod dominus rex capere potest; quod satis apparet eo quod hoc auxilium ecclesiarum et ecclesiasticarum personarum nonquam aut valde raro hactenus captum fuit; et quia, quociens capitur, contra jus commune canonicum et civile capitur, ergo cum mortali peccato, nisi subsit jus speciale cujus virtute et ratione capi possit; quod esse non potest nisi unum, videlicet evidens neccessitas defensionis; que non est neccessitas absoluta, sicut solem oriri cras est neccessarium, sed neccessitas conditionalis, sicut nutrimentum neccessarium est animali, sub conditione si salvari et vivere debet animal; ut in quinto Analyticorum[1], capitulo « de neccessario ».

124. Petere ergo et capere potest ac debet dominus rex de bonis ecclesiarum ob defensionem regni tunc demum si bona sua, bannium et retrobannium, ad commodam defensionem non sufficiant. Sed ponamus quod ad hanc defensionem sufficerent centum milia marcharum argenti, et ipse cepit ducenta milia; numquid ei licet sine peccato mortali? Constat quod non. Nam, prout concordant et in hoc communicant omnes sciencie, cessante causa, cessat effectus.

France. Cf. le *De abrev.* fol. 9 : « Si de terris vestris magnum exercitum peditum etiam usque ad octoginta milia et equitum duo milia pauperum nobilium qui terras nullas aut paucas habebant ad amicos vestros, etiam dato quod non redirent, mitteretis, populus vester ob hoc diminutus per singulas regiones nullatenus appareret. Thesaurum enim habetis innumerabilem virorum qui sufficientes essent, cum esset neccessitas, ad pugnandum ; unde, si vires vestri populi cognosceret regia majestas, agredi maxima minime dubitaret, dum tamen ob bonum finem. »

1. *Ms. et Bongars:* ax. (*sic*).

Sicut ergo, hac causa capiendi totaliter cessante, dominus rex nichil potest capere, nisi simpliciter velit rapere et auferre, eadem ratione, si non eget nisi de centum milibus marcharum argenti vel auri, si plus capiat, tunc, quantum plus capiet, rapiet et auferet falso verbo vel facto, quod idem est, asserens subesse, cum non subsit, capiendi causam. Si ergo hoc facit ex certa sciencia dominus rex, mendax est; et per mendacium, quod absit, Deum negans, efficitur filius Dyaboli, qui est pater mendacii, et omnes mendaces filii ejus ; sicut omnes veraces, in quantum tales, filii Dei nuncupantur ; ut hec per multas sacras Scripturas probantur, maxime in epistola ad Titum [et in canone] c. XI, q. III, c. [LXXVIII]: *Quatuor modis corrumpitur judicium*, cum capitulis sequentibus. Quod autem in exigendo ultra neccessitatem sit peccatum mortale nonquam remittendum nisi restituatur exactum ultra neccessitatem, patet omnibus fidem catholicam tenentibus; quod si est verum in toto quod exigitur, ergo et in parte ; nam secundum quod in lege civili cavetur, *eadem est ratio totius ad totum et partis ad partem*.

[LXXVIII] Ex quibus premissis et per que patet quod difficilimum est domino regi juste super hac neccessitate judicare, nec non et assessoribus seu consiliariis ejus difficilimum est justum in hoc consilium dare, secundum rectam proportionem geometricam, non aritmeticam, medium eligendo ; nam si dominus rex juste judicat in hoc, et si consiliarii justum et equum prestant consilium, virtuosi per hoc efficiuntur, si aliquod vicium aliunde non noceat ; quoniam cum *virtus et vicium sunt duo contraria*, secundum Philosophum, in eodem subjecto se compati non possunt ; et sic unum vicium tollit et corrumpit omnes virtutes subjecti in quo est. Idcirco notabiliter recitat Philosophus quod bene dixit Eraclitus, scribens quod: *circa difficilimum semper exarsit virtus*, et idcirco subjungens quod *valde difficile est nos esse bonos*. Nam opportet medium recte tenere, et extrema, videlicet superhabundanciam et defectum, declinare. Ad quod inducit Philosophus simile sic : *Una est via, videlicet recta, que ducit sagittam ad signum; declinantes vero linee a recta, que sunt oblique, sunt infinite.* Idcirco dicit quod viam mediam tenere in virtutum operibus difficile est, sicut sagittare, lineam rectam non declinando, signum percutiendo.

125. Nunc autem premissis diligenter attentis velit considerare regia majestas, et juste neminem ledendo judicare, utrum juste et legitime deventum est alias ad retrobannii et ecclesiarum subsidium ab invitis et compulsis exigendum.

126. Certum est quod dominus rex, cujus interest principalius et in plus quam aliorum, regnum defendere debet; pro ejus defensione se preparare cum imminet, et pugnare, non solus, sed prout decet ejus statum, commodum et divicias, ratione regni, prout sui antecessores olim fecerunt.

127. Item pro regnis, ducatibus, comitatibus, baroniis, castellaniis et aliis feodis, que idem dominus rex a centum annis citra adquisivit, debet pugnatores querere saltem tot quot quererent et haberent illi in quorum jus et loca successit, si hujusmodi feoda tenerent; debet etiam dominus rex compellere singulos suos vassallos, duces, comites, barones, castellanos, milites, et generaliter certa servicia debentes, ad reddendum et faciendum hujusmodi servicia sine fraude et diminutione, non remittendo et donando partem eorum, ac exigere negligendo, in fraudem eorum qui per viam retrobannii, non alias, sunt vocandi.

Critique des actes du roi.

128. Fertur autem quod dominus rex hoc non advertens, suisque consiliariis se suaque judicia committens[1], secum

---

1. Dubois reproduit l'accusation généralement portée contre Philippe le Bel de suivre avec une docilité excessive les avis de ses conseillers ; il n'était donc point au nombre de ces conseillers qui avaient l'oreille du prince.

vocare consuevit in suo bello ad sua stipendia aliquando comites, barones, milites ac armigeros, qui servicium armorum debentes de suis bonis propriis militassent, sua feoda de serviciis armorum aquitassent. Similiter autem duces, comites, barones, milites, et alii servicia debentes, soli obstagiare suaque servicia reddere non valentes, alios multos secum capere et tenere cum suis stipendiis consueverunt, qui alias cum propriis impensis servicia que debebant reddidissent; sic alios nobiles ocoiosos, fortes et potentes relinquendo, qui libenter obstagiassent cum stipendiis alienis, si vocati fuissent. Frequenter etiam contigit, rebus sic se habentibus, quod miles debens servicium armorum misit filium suum unum cum tribus vel quatuor, remanens in domo sua, non sine equis et armis; filius, qui ad impensas patris obstagiare debebat, peccuniam a vicino milite patris sui recipiebat, ut eum aquitaret; pro se et pro vicino transibat, et postmodum se recipi ad stipendia comitis vel baronis procurabat; et sic ad impensas majoris eum recipientis, patrem suum et ejus vicinum super armorum servicio aquitabat, duplicia stipendia sua, patris et vicini, secum reportans; sic per talem inerciam et negligenciam perquirendi veritatem, dominus rex armorum servicia re ipsa, ipso facto, multis debentibus remittens, et donans plurimis custus serviciorum que debebant, exegit servicium retrobannii in casibus in quibus non erat evocandum et exigendum, remittens servicia debentibus ea, et exigens a non debentibus, se spiritualiter, et non debentes temporaliter valdeque graviter honerans; similiter allegando neccessitatem ecclesiis, et, ea supposita, auxilium exigens ab eisdem, licet secundum veritatem non immineret neccessitas, vel saltem cum tanta non immineret, sic ultra neccessitatem subsidium exigendo, non sine gravi peccato.

129. Quomodo ergo de guerra posset bene contingere principi? suaque guerra quomodo posset exitum bonum habere, non servato juris et consuetudinis ordine, tot gravando, remittendo divitibus ingratis, quia non percipientibus, que a pauperibus in totum vel pro magna parte exegit ? Ecclesia, licet hec non percepit, tamen reputans se gravatam, orationes solitas pro domino rege subtraxit. Licet dominus rex non motu proprio, sed ducente suo consilio, sic processerit, non videtur quod per hoc consilium apud Deum qui omnia videt valeat super hiis excusari, cum fuerit negligens, minus bono consilio stando, bonum querere obmittendo, remittendo debentibus quod exigebat a non debentibus[1], cum, ordine predicto servato, non alias, sit retrobannii et ecclesie auxilium postulandum et recipiendum.

[LXXIX] 130. Per premissa satis patet quod hoc ordine servato procedi debuisset et debebat, quia ubique debet esse ordo, preterquam in inferno, ubi, prout ait sanctus Job[2] : *Nullus ordo, sed sempiternus horror inhabitat.* Videlicet ut, cum imminebit neccessitas, dominus rex, ut nullos subditos gravet, provideat sibi de pugnatoribus sufficienter, prout antecessores sui providebant, antequam adquirerent ducatum Normannie, nec non alios ducatus, comitatus, baronias et alia feoda que postmodum adquisiverunt ante ipsum, et ipse suo tempore ; postmodum provideat sibi pro feodis postmodum adquisitis, prout sibi providerent alii duces, comites, et barones, si eadem tenerent ; sibique provideat de talibus qui armorum servicia non debeant, taliter quod appareat ut non prejudicet subditis, et ne gravet eos, subsidium petendo cum neccesse fuerit. Quoniam non solum cavendum est male agere, sed ne quis

---

1. L'auteur use toujours d'un audacieux franc-parler : *De abrev.*, fol. 3 v° : « Populus regni Francorum, rememorans reges qui regnum hujusmodi hactenus gubernaverunt prout verum fuit optimos mundi fuisse rectores populi et ecclesie defensores, forsitan diceret et clamaret ubique : « regem non pro nobis set contra nos habemus ; non nostra, sed sua comoda perquirit, sanguinem nostrum effundi faciendo et bona nostra consumi ; » et forsitan multa dicerent et rogarent que homo sane mentis, sciente regia majestate, recitare non auderet ».

2. Job, X, 22.

male agere videatur. Tunc sic ei sufficienter proviso, poterit nobiles, comites, et barones et aliquos similiter instructos ad suum bellum vocare.

131. Caveat etiam dominus rex quod omnes sui subditi armorum servicia debentes ostendant se de tota familia ad faciendum debitum ab eis servicium armorum neccessaria, taliter provisos quod in sua provisione non computetur aliquis qui armorum servicium debeat pro se, nec qui pro alio sit receptus. Sic procedendo dominus rex jure suo magno, immo maximo, si sufficienter utatur, habebit omnes nobiles, vel fere, secum; nec capiet per retrobannium id quod consuevit remittere debentibus armorum servicia; nec gravabit Ecclesiam nisi in casu neccessitatis; super quo Ecclesia non reputabit se gravatam; nec cessabunt Ecclesia et populus ab orationibus devotis, quibus suffragantibus, non alias, consueverunt principes exercituum de celo victoriam, non ex propriis viribus, obtinere.

[LXXX] **132.** Si quis autem hunc provisionis modum reprobare nitatur, quoniam retro principes domini regis antecessores nonquam taliter consueverunt armorum servicia exigere, responderi potest quod, prout in lege civili cavetur: *Non est respiciendum quid Rome factum est, sed quid fieri debuisset;* et quod: *Non est exemplis, sed legibus judicandum.* Ad hec facit id quod super Polytica Aristotelis determinavit precellentissimus doctor philosophie, cujus eram tunc discipulus, magister Segerus de Brabancia[1], videlicet quod: *Longe melius est civitatem regi legibus rec-*

---

1. Siger de Brabant (*Histoire littéraire*, XXI, pp. 96 et suiv.; cf. XXX, p. 272), professeur en l'Université de Paris, rue du Fouarre, où Dante fut, dit-on, son élève. Ceux de ses écrits qui nous ont été conservés attestent la liberté et la forte trempe de son esprit. Ses opinions téméraires furent solennellement condamnées en 1277 par l'autorité ecclésiastique. Il mourut tragiquement, vers 1283, dans la ville d'Orvieto.

tis quam probis viris; quoniam non sunt nec esse possunt aliqui viri tam probi quin possibile sit eos corrumpi passionibus ire, odii, amoris, timoris, concupiscencie, ut hoc etiam cavetur [c.] XI. q. III, c.[1] [LXXVIII] : *Quatuor modis corrumpitur judicium,* cum [capitulis] sequentibus; ad quod accedit quod ait Philosophus in dicta Polytica : *Primo quidem civitates regebantur rege, id est propria voluntate dominantis in eis ; sed quoniam reges amicos suos cum delinquebant, minus, et inimicos, magis debito puniebant, ex hoc oriebantur seditiones et bella ; idcirco, ut hec mala cessarent, ceperunt homines per leges et statuta que nemini parcunt salubriter judicare.*

133. Item hodie sunt homines longe plus solito cupidi[2], avari, in malicia prudentes et astuti ; et Philosophus in Polytica ait : *Vir prudens, malo deditus, omne malum cogitat et facit.*

134. Item ibidem : *Pessima est inimicicia, habens arma,* videlicet prudencie ; et in Authentica Justiniani imperatoris : *Non est malum quod vir prudens, malo deditus, non adinveniat.* Et idcirco, contra mala debentium armorum servicia sic eadem subtrahentium, in grave prejudicium sui summi principis et longe majoris partis suorum subditorum, expedit nova remedia taliter invenire, quod tantus error, ex quo tot secuta sunt peccata, dampna, pericula et prejudicia, cesset in posterum, et quod ejusdem erroris macule contagiose animabus plurimis nequiter adherentes, per consensum domini regis, cleri, et populi, facta aliqua recom-

---

1. *Ms. et Bongars:* centum.
2. Plusieurs des ministres favoris de Philippe le Bel étaient accusés d'avidité par la rumeur publique. Dans le procès de l'évêque de Pamiers, un témoin rapporta qu'il avait entendu dire à l'accusé : « quod isti Gallici sunt de pulcro introitu et de malo exitu, et quod dominus Petrus Flote nihil nisi muneribus faciebat » (Dupuy, *Preuves du Différend,*... p. 632). On pourrait citer des textes analogues sur Nogaret, Marigni et les autres.

pensatione gravatis, et non gravantibus, misericorditer deleantur.

[LXXXI] 135. Ex subtractione debiti servicii armorum processisse videtur neccessitas, si qua fuit, peccunias regni mutandi, per quam omnes in regno redditus et pensiones peccuniarum habentes, earum primo quartam partem, postea terciam, deinde dimidiam, et ultimo duas partes amiserunt. Ego scriptor presentium scio me quolibet anno, facta collatione, secundum plus et minus unius ad alterum, per hoc ad minus, postquam ceperunt mutari peccunie, quingentas libras turonensium amisisse[1]. Et credo, omnibus consideratis, dominum regem per hoc amisisse et amissurum longe ultra omnia commoda que ex eadem mutatione pervenerunt ad ipsum et pervenient modo quolibet in futurum; per quam mutationem tantum crevit rerum omnium caristia, quod verisimile est generalem rerum annonam ad statum pristinum in posterum reduci non posse. Super cujus generalis dampni refusione populo facienda, expediret laborare eis qui talem peccuniarum mutationem et deteriorationem fecerunt, consuluerunt et procurarunt contra jus commune, statuta et consuetudines regni Francorum hactenus approbatas et servatas, per tempus a quo memoria non existit neque fuit viventibus qui nunc sunt hominibus. Cujus rei plenam veritatem expedit pervenire ad noticiam regie majestatis, quoniam ignorancia, que crassa foret et supina, peccatum nullatenus excusaret, nam lata culpa dolo equiparatur.

Lata vero culpa est ignorare quod omnes intelligunt de figurato nominis, ut in lege civili cavetur. Non credo hominem sane mentis estimare posse nec debere quod dominus

Conséquences de l'habitude nouvelle de solder les troupes. — Altérations des monnaies.

---

1. On conclut de ce passage que Dubois était fort riche. Il n'y a rien d'étonnant à cela. Les avocats occupés comme l'était Dubois (§ 100, et p. 45) faisaient en son temps de grosses fortunes. Il suffit de rappeler le nom de Guillaume Du Breuil, devenu millionnaire dans l'exercice de sa profession.

rex sic suas peccunias transmutasset et deteriorasset, si tot et tanta dampna ex hoc secutura fore credidisset; nec ipse in tantis deliciis et diviciis nutritus et assuefactus, quacunque intermissione cessante, de se plene cognoscere potest defectus et innumerabiles penurias paupertatis; ad instar eorum qui longo tempore vixerunt nullum morbum patientes, qui causas et occasiones morborum timere non possunt, quia morborum amaritudines non gustarunt. Idcirco multi principes modos vivendi cujuslibet condicionis hominum leguntur experti fuisse et temptasse, ut mondi statusque ejusdem cognitionem haberent. Certum enim est, ut ait Philosophus, quod *prudencia mondi hujus*, quam asserit fore reginam omnium virtutum moralium, quoniam omnes in se complectitur, *in nobis adquiritur per experienciam*; experiencia vero agibilium humanorum longo indiget tempore; ex quo concludit quod nemo sane mentis eligit juvenes duces, eo quod non constat eos esse prudentes, quia in pauco tempore non multa potuerunt experiri et cognoscere[1].

---

1. Cf. *De abrev.*, fol. 32 v°: passage traduit par M. Boutaric, *La France sous Philippe le Bel*, p. 325 : « Gravamen per mutationem peccunie perveniens sensibiliter potest videri, judicari, presumi per hoc quod redditus nobilium et aliorum quorumlibet in peccunia facti non sunt augmentati, cum unum solum habeant denarium ubi duos habere consueverunt, et omnes res ad victum et vestitum necessarie sunt in duplo fere solito cariores, ad quod multum fecit quod illi qui extra regnum solebant portare peccunias nunc eorum loco portant merces, quas non essent alias portaturi, ob hoc eas carius comparantes quia plures sunt emptores, tanto vendunt mercaturas, ut patet de victualibus, quanto magnus exercitus magnifeste. Hodie quicumque merces quascumque de regnis aliis afferentes ad regnum Francorum quasi peccunia non esset res alias reportant; unde, quantum ad alia regna, peccunia nigra peccunia non reputatur nec regnum Francorum quoad hoc habet peccuniam, nisi quatinus habet auream vel argenteam, minime denigratam. Preterea qui habet trecentas libras redditus extra regnum portandas amittit terciam partem, quia plus ante peccunie mutationem habebatur de auro vel argento pro ducentis libris quam modo pro trecentis Sunt alia graviora dampna pauperum et ecclesiarum Christi, qui solitis elemosinis et largitionibus defraudantur quia minutam pecuniam non habent; et sic omnes subditi regni per mutacionem peccuniarum dampnificantur, exceptis solum principe, firmariis, et factoribus monetarum. Quomodo ergo tanto, tam generali et gravi dampno totius et tanti populi poterit subveniri, cogitare debe-

[LXXXII] **136.** Videat ergo dominus rex et consideret dili- Craintes que sa franchise inspire à l'auteur. genter qualiter ejus consiliarii super exactione servicii armorum se habuerunt, debentibus tacite remitti permittendo, et ab aliis, per modum retrobannii et auxilii Ecclesie, ultra neccessitatem, quod facere debuissent armorum servicia debentes, exigendo. Querat etiam dominus rex ubi sunt illi qui super hujusmodi remissionibus sibi grates reddiderunt, isti qui cum de bonis propriis obstagiare et servicia suorum feodorum reddere debuerunt, ad impensas vicinorum suorum, qui in domibus suis remanserunt, et majorum, qui ad implendum suos numeros pugnatorum eos vocarunt, obstagiarunt; per hanc viam magnas peccunias lucrantes, de pauperibus quoad mobilia facti divites demum ad sua domicilia redierunt; tales non immerito vellent dominum regem frequenter magnum exercitum congregare; que sic facta fuisse reperiet dominus rex, si voluerit facere perquiri premissorum subtiliter veritatem. Ad quod faciendum me sciri non vellem occasionem dedisse, quoniam credo, si sciretur, me corporales insidias usque ad mortis periculum vittare non posse, et quod plures amici mei et proximi contra me graviter moverentur[1]. Tamen hec scribere

rent, si se morituros considerarent, mutationis hujus consultores et actores. »

1. *De abrev.*, fol. 27 v°: « Vix per regiam majestatem reperietur aliquis qui contra prelatos, qui omnes sunt in hoc corpus unum et anima una, super hiis audeat concertare, ne, ipsis indirecte procurantibus, contendens super hiis generaliter corrigendis de regno procul expulsus vel in eo remanens amicis et bonis omnibus denudetur demum totaliter, quod quilibet sane mentis hactenus non immerito dubitavit, quia, pro talibus nocere volentes, non manifeste set occulte, ad instar Jude, tam per se quam per alios hactenus nocuerunt; quod, hominum crescente malicia, longe magis faciendum presumitur in futurum. Quod periculum magis quam scribi posset existens majestas regia per suam gratiam et justiciam studeat evittare, ne pro tanto bono cuiquam, operante Dyabolo, per hoc immensum offenso malum reddatur illis, quicumque fuerint, qui suum suique regni honorem super exaltacionem et augmentum cum generali commodo subditorum per viam tam periculosam contra tot et tantos prosequentes ausi fuerint cum debita perseverancia consummare »

L'auteur constate en ces termes dans le *De abreviatione* (fol. 31 v°) qu'on manque en France de courage civique: « Vicium contemptus volui, sequens doctrinam Philosophi qui ait quod : *Omnes professores veritatis plus debent adherere veritati quam amicitie,* et quod duo sunt opera sapientis: *Primum, non mentiri de quibus novit; secundum, mentientem manifestare posse.* Et in canone legimus : *Melius est pati pro veritate supplicium quam pro adulatione emolumentum.* Certum est quod omnes mentientes in prejudicium alterius mortaliter peccant, et sunt Dyaboli filii Deumque negant suo facto, secundum testimonium Apostoli, qui omnibus que perversa sunt factis Deum asserit negari, et omnes veraces filii Dei vocantur. Cum autem ego sim patronus causarum domini regis, eidem per juramentum astrictus, crederem mortaliter peccare, si tacerem veritatem premissorum, in tantum periculum et prejudicium spirituale et temporale domini mei et innumerabilium suorum subditorum. Ut enim ait Philosophus : *Fortitudo* (que est virtus nobilis precipue principibus et milicie conveniens) *est aggressio terribilium in quibus mors eminet, propter bonum commune.* Et in sacra Scriptura[1] : *Dum fortis armatus custodit atrium suum, in pace sunt omnia que possidet.*

Remèdes et restitutions.

137. Cum ergo premissa sic facta non possent non facta fuisse, quoniam, ut ait lex, *facte cause pro justis haberi non possunt,* sapiat et intelligat dominus rex, ac novissima taliter provideat quod premissa taliter non fiant in posterum ; et quod ipse, juxta consilium Ecclesie suorumque sapientiorum consiliariorum, clero et populo taliter recompensationem repromittat et demum faciat quod ipsi non retrahant amplius orationum suffragia devotarum, et quod iram placare valeat Creatoris, cum, prout in canone legimus : *Bonarum mentium sit timere culpam,*

salutis et utilitatis reipublice plus in regno Francie quam in aliis mundi partibus hactenus inolevit; quod vicium velit actor omnium bonorum, suffragante regia majestate cum suis peritissimis consiliariis, diebus nostris per suam gratiam misericorditer extirpare ».

1. Luc, XI, 21.

ubi etiam culpa minime reperitur. Nam si princeps ob amorem Creatoris sapienciam querat, justiciam maturam pro totis viribus faciat et ordinet suos judices taliter quod lites cito possint juste decidi, parcendo miserabiliter subditorum dampnis, laboribus et expensis[1], venient sibi, ad instar Salomonis, omnia mondi bona cum vera sapiencia et justicia ; movebuntur etiam clerus et populus ad remittendum omnia in quibus fuerunt gravati ; quod summe expediret, quoniam precise sciri non posset in quantum quilibet sustinuit, occasione premissorum, jacturam ; possetque de facili, sicut credo, firmiter procurari quod generaliter consentirent clerus et populus dominum regem pro eorum salute impendere in subsidium Terre Sancte, et ob ipsum, quecunque ipse plus debito exegit, et omnia in quibus dampnificavit, per quodcunque consilium, subjectos. Qui consensus predicando crucem cum indulgencia plenaria domini pape de facili posset haberi.

138. Similiter autem expediret dominum regem Anglie et alios omnes principes, nobiles, et quoscunque qui transibunt vel mittent in Terram Sanctam, facere et impetrare, cum illis et ab eis quibus tenentur in non liquidis debitis, obscuris, modo quolibet ignoratis. Nam tum, secundum fidei nostre statuta, non dimittitur peccatum nisi restituatur ablatum ; si pugnaturi pro recuperatione et conservatione Terre Sancte macula detentionis alienorum bonorum sint oppressi, et sic mortali peccato ligati, eorum peccata facta impedient aliorum[2]. Et idcirco, super omnibus vere peni-

---

1. Cf. ci-dessus, p. 73 et suiv.
2. Relire à ce sujet le passage bien connu des mémoires de Joinville (§ 111 de l'éd. classique de N. de Wailly), rapportant ses préparatifs de croisade : « Je lour diz le vendredi : « Signour, je m'en voi outre mer, et je ne sai se je revenrai. Or venez avant ; se je vous ai de riens mesfait, je le vous desferai, l'un par l'autre, comme je ai acoustumei, à touz ceus qui vourront rien demander ne à moy ne à ma gent. » Je lour desfiz par l'esgart de tout le commun de ma terre ; et pour ce que je n'eusse point d'emport, je me levai dou consoil, et en ting quanque il raporterent, sanz debat. » — On sait que Louis IX

tentes et confessi, impendant ibidem que restituere quacunque ex causa tenerentur, illis quibus tenentur profutura; sic omnes indulgenciam haberent, omnium opera pugneque prodessent, proculque pelleretur hostis antiquus, qui tales maculas scriptas habet, earum delecturas impedit et differt, prout magis potest, ne anime laqueos ejus evadant. Credo firmiter quod singuli, predicationes audientes cum indulgencia papali, domino regi totum remittent.

Si qui vero fuerint, duriciam Pharaonis imitantes, qui remittere nolint, in dubio si quid plus debito de suo levatum fuerit, per loci justiciarium regalem, ad hoc presentem, cum aliquo specialiter ad hoc deputato scribantur nomina non remittentium, quid petunt, et ex quibus causis, ut quatinus equum et justum visum fuerit restituatur eisdem; quoniam nullus debet compelli ad remittendum et subsidium Terre Sancte faciendum.

Eloge de la France. — Précautions à prendre par le roi et son fils aîné, qui ne doivent pas s'exposer en personne.

[LXXXIII] **139.** Cum autem milicia regni Francorum fuerit hactenus et fore presumi debeat in futurum principalis magisque durabilis, causa recuperationis et conservationis Terre Sancte; que milicia vix ibidem remaneret, si dominus rex, quod absit, ibi decederet, prout contigit Sancto Ludovico ibidem, vel in via ad Dominum transmigraret, vel si ex alia causa rex rediret; idcirco probabiliter expediens fore cogitavi, dominum regem et ejus filium primogenitum remansuros ut vacent regimini regni, liberorum procreationi, educationi et doctrine, et provisioni annualis subsidii, prout neccesse fuerit, ultra mare mittendi. Nam propter predictos conquestus et alias multas civiles (*sic*) expediret dominum regem et ejus filium diu vivere in regno suo, morari ibidem magis quam alibi, etiam prope Parisius libe-

fit en 1247 une sorte d'examen de conscience de son administration et forma des commissions d'enquête chargées d'aller par toute la France s'informer des injustices que, par lui-même ou par ses agents, il avait pu commettre. Les cahiers des enquêteurs de Saint Louis seront publiés dans le tome XXIV des *Historiens de France*. — Cf. ci-dessus, p. 7.

ros procreare, ipsos ibidem nasci et nutriri, eo quod ille locus meliori constellationi celi, quam alia quecunque loca, noscitur esse subjectus ; ex quo sequitur, ut hactenus visum fuit, quod ibi generati et nati melius sunt compositi, ordinati et complexionati quam aliarum regionum homines[1].

140. Expediret etiam, cum opus esset, dominum regem obstagiare, per alium fratrem vel filium secundo genitum exercitum regendo, propter modos casuales vitam abreviandi vittandos, considerando eventus et occasiones accelerate mortis trium suorum progenitorum ultimorum; quoniam tantum principem non decet supponere casui et fortune periculosis, et quia non potest obstagiare de se sine valde magna multitudine pugnatorum, et quia non ita cito posset exercitum ducere, sicut alii qui nocte dieque aliquando laborarent; et quia in Terra Sancta modo non habemus civitates nec castra nec alia loca parata per que calori Solis, Martis, et aliarum stellarum possent resistere, seque tueri contra aeris intemperiem, que multum esset eis contraria.

141. Sed opponi poterit : « Sic tu impedis profectum Terre Sancte ». Respondeo quod non credo impedire, quoniam dominus rex mittere poterit et tenebitur adeo magnum exercitum cum fratribus suis et filio secundo genito, sicut si ipse iret, constituereque per ordinem plures duces exercitus sui, ut uno decedente, vel infirmitate seu alia impedito,

---

[1]. Cf. *De abrev.*, fol. 6 v°. — « Expediret totum mondum subjectum esse regno Francorum, dum tamen rex ejusdem, prout fieri consuevit, in eodem regno generetur, nascatur, educetur et instruatur, et hoc propter astrorum meliorem aspectum et influenciam quam dictum regnum habere percepimus, et per experienciam plus habere didicimus quam alias regiones et regna. Alterantur enim probitas et mores filiorum quos Gallici generant in extraneis regionibus, et alterari consueverunt saltem in tercia vel quarta generatione, prout contingit preteritis temporibus in personis principum qui se de regno Francorum ad partes alias transtulerunt. Gallici quidem longe certius utuntur vero judicio rationis quam alie quelibet nationes, nec inordinate moventur, vix aut nonquam veram rationem impugnant, quod in aliis non videmus. » — Comparez ci-dessus, p. 99, note 1.

statim alius subrogetur, cui omnes obediant sicut et ipsi regi. Non apparet periculum, si dominus rex Anglie et alii reges illuc vadant, presertim senes qui suas generationes liberorum plerumque compleverunt. Dominus rex sic remanens providere poterit annuatim de pugnatoribus, equitibus et peditibus, ac armis, secundum quod duces exercitus sui duxerint postulandum ; dominus rex, ex causis delicatis et subtilibus principiis genitus, et nutritus in aere tam temperato, vix posset diu durare et obstagiare in terra tam intemperata, radiis solaribus quasi directis et aliarum stellarum sine obstaculis sufficientibus supposita. Non recolo me legisse aliquem principem in terris alienis et remotis diu obstagiasse, preter Karolum Magnum, qui per centum annos et amplius obstagians personaliter alium non habuit coequum ; plus proficiens, post adquisitam prudenciam militandi per experienciam diuturnam, in duodecim annis, quibus fuit romanus imperator, quam in quadraginta annis ante, prout ejus facta in partibus ultramontanis demonstrant.

Conclusion.

142. Sic ergo secrete prevideat et provideat dominus rex statum regni sui preteritum, presentem et futurum, et quam viam tenere voluerit de omnibus ad expeditionem Terre Sancte suique regni proficuis, secundum prescriptam doctrinam, per suam prudenciam et sanissimum majorum consilium perficiendam seu mutandam, occasione sumpta salubriter ex premissis, ad pacem firmam et perpetuam tocius reipublice christicolarum, modo prescripto seu alio meliori, tendendo, ad Terre Sancte Imperiique Constantinopolitani recuperationem et conservationem felicem, affectionem et potestatem tocius reipublice catholicorum domino pape obedientium, per ejus assensum et omnium principum, converti misericorditer procurando, tam ordinate quod, agente Domino omnium exercituum, ad finem cito perveniatur intentum.

APPENDICE[1]

[Oppinio cujusdam suadentis regi Francie ut regnum Jerosolimitanum et Cipri acquireret pro altero filiorum suorum, ac de invasione regni Egipti[2].]

1. Quoniam, ut ait Apostolus, *Omnis Christi actio nostra debet esse instructio, et omnia quecunque scripta sunt ad nostram doctrinam scripta sunt,* considerato quod in primo libro Regum legimus [quod], cum populus israeliticus, pre ceteris Deo carus, regem ab ipso sibi dari postulasset, ipse Deus dedit eis regem Saülem, qui ab humeris et supra toti populo supereminebat quem sciebat Dominus futurum esse non obedientem sibi, et idcirco regimen ejus durare non posse, motus figuraliter, ut videtur, ad ipsum eligendum ut exemplum sic faciendi nobis daret, videlicet quod nos futuros hominum eventus ignorantes, bonitatem eminentem considerantes, et latentes bonitates pie presumentes, ubi rex est eligendus, similem ad magnum Babilonis et Egipti, quod Assiriorum dicitur, regnum eligamus et nominemus, residuum dispositioni Creatoris, qui ab eterno novit omnia, relinquentes, videlicet dominum Philippum secundogenitum illustrissimi principis domini regis Francorum, quoniam durum esset ad aliquem de majoribus mundi hujus honoribus non vocari. Sed quoniam in canone scriptum est : *Nemo sibi honorem assumat, sed qui vocatur a Domino, sicut Aaron,*

Exorde.

---

1. Le mémoire qui suit, dont le style accuse clairement la main de Dubois, est un véritable *post-scriptum* ajouté, peu de temps après sa rédaction, au *De recuperatione*. C'est à titre de complément naturel de ce dernier traité que nous le publions ici. Cf. notre Introduction.
2. Cette rubrique du ms. n'est pas contemporaine du texte ; elle a été ajoutée par une main du xve siècle.

premissa et alia plurima mundi hujus expendenda honesta, perquam utilia, naturaliter ac verisimiliter possibilia considerans amator salutis totius reipublice christicolarum, eamque proprie saluti et utilitati preponens, ut ex multis suis operibus potest verisimiliter apparere, intra se conferendo et ratiocinando, per hanc scripturam breviter voluit explicare, ob predicti domini regis sollicitudines, prout potest, prolixitatem vitando, breviter ad presens scribere voluit et probare contra renitentes de probando plenissime, protestando videlicet quod dominus rex de facili potest suum nobilissimum filium secundogenitum honorare et pre omnibus viventibus dittare sine cujusquam injuria, declinando, prout oportet in omnibus agendis facere, quodcumque mortale peccatum.

Cession des droits du comte d'Eu sur le royaume d'Acre. 2. Certum est quod jampridem vacavit regnum Acon spectans ad comitem Augi[1]. Qui comes et ejus antecessores jam per multa tempora regnum hujusmodi regere neglexerunt, et ob hoc commoditatis ejus jus dimisisse dicuntur. Sed ut cesset omne mali scrupulum, rex poterit a comite, qui sibi non negabit, petere quod jus, si quod habet, quod non creditur, suo nato cedat, et, eo cesso, suum filium per papam faciat regem ungi et coronari, Acon, Babilonis, Egipti, et Assiriorum regno sibi secrete concesso, nisi soldanus velit pacifice Terram Sanctam restituere et dimittere ecclesie romane et jus habentibus in eadem, cum valore omnium fructuum et proventuum quos levavit contra justiciam de eadem.

Hiis itaque factis, seu quod fiant suppositis, petat et procuret dominus rex generale concilium principum catholi-

---

1. « Raoul de Brienne, comte d'Eu, connétable de France, n'avait aucun droit à la couronne de Jérusalem ni à celle de Chypre. Dans l'ordre des revendications fantaisistes, il aurait pu indiquer une parenté éloignée avec Marie de Lusignan, sœur d'Henri Ier, femme de Gautier, comte de Brienne et de Jaffa, et neveu de Jean de Brienne, roi de Jérusalem » (J. Delaville le Roulx, *La France en Orient au XIVe siècle*, p. 54).

corum et prelatorum congregari propter hunc finem quod provideantur et statuantur ac fiant omnia neccessaria et conferencia ad recuperationem, conservationem, et felicem gubernationem Terre Sancte, non solum prout tanguntur in epistola pape mittenda, domino regi tradita apud Chinon in festo Ascensionis Domini nuper preterito, sed modo quasi sine comparatione meliori, prout dominus rex cum sapientioribus et expertis duxerit ordinandum.

3. Ultra vero contenta in dicta epistola videtur expediens ordinare quod, considerato jure quod habet rex Sicilie in regno Jerusalem ex vendicione domicelle Marie de Jerusalem, per concilium fiat ei bona recompensatio juris et impensarum, quia per barones regni fuit, ut dicitur, judicatum vendicionem hujusmodi non tenere, et regni jus ad regem Cipri spectare[1]; ita quod, propter bonum commune totius mundi, de Hospitalariis et aliis ordinibus ob Terram Sanctam statutis, exceptis Templariis, fiat unicus ordo, et omnes ipsius ordinis possessiones circa Terram Sanctam vel saltem circa Ciprum statute ad firmas perpetuas plus offerentibus dentur. Rex Cipri inducatur ad dandum ordini se cum omnibus bonis suis, et maxime jus, si quod habet, in regno Jerusalem; et subrogetur loco dictorum ordinum milicie regalis ordo, cui preferatur rex Cipri, ut in dicta epistola cavetur; et succedant alii catholici reges religiosi Jerusalem post ipsum; qui rex ordinis reges Babilonis, Acon, et alios catholicos pro suis viribus juxta dispositionem pape regisque Francorum contra singulos infideles et scismaticos juvare pro totis suis viribus teneatur, et de singulis thesauris residuis rationem pro quolibet anno reddere, videlicet quatenus supererit ultra impensas ordinis regalis, ut fratres ordinis, ad instar Jude furis loculos habentes, non possint ordinem

D'un ordre unique, placé sous la direction du roi de Chypre, regalis ordo.

---

1. Charles Ier d'Anjou, père du *rex Sicilie* dont il est ici question (Charles II), avait acheté les droits de Marie d'Antioche, nièce de Hugues III, au trône de Jérusalem.

pregravare, nec in prejudicium reipublice christicolarum regumque predictorum bona sumere saluti reipublice dedicata.

qui bénéficiera des biens du Temple.

4. De bonis vero que Templariorum fuisse dicuntur, videlicet de mobilibus extantibus, et de fructibus ac leveiis futuri temporis usque ad quinque vel sex annos, expediret juvare dictum ordinem ut, centum galeas seu plures habens, cum pugnatoribus ydoneis mare custodiendo soldanum gravaret, et terram mari proximam, que dicitur durare per triginta dietas, gravaret ac depauperaret in tantum quod soldanus et sui generali passagio veniente non possent resistere, ymo interim subsidio maris et bonorum que per ipsum consueverunt habere carentes, dante Domino, possent de facili superari et devinci, prout hoc fore possibile testantur prudentes et experti milites de partibus illis nati, qui Babilonem et Egiptum cum eorum habitatoribus profitentur se vidisse et ob hunc finem diligenter considerasse.

Suppression de l'ordre du Temple.

5. Ordinem vero Templariorum cum consilio concilii modis omnibus expedit demoliri, et exigente justicia totaliter adnullari, et sicut predictum est de bonis eorum usque ad generale passagium ordinare.

Colonisation des lieux saints.

6. Sed licet videatur difficile, contentiones et scandala principum locorum vittando, post passagium de bonis hujusmodi perpetuam ordinationem facere, quoad presens videtur expedi[re] quod, prius considerato hujusmodi locorum valore, ipsa tradantur in perpetuam emphiteosym; pensiones eorum in certis locis reponantur, ut cum obveniet necessitas regibus Jerusalem, Egipti, et Acon, ac aliis catholicis regibus orientalibus ecclesie romane cum devotione obedientibus, in quolibet regno, provincia, seu loco eligantur ydonei pugnatores, qui de hiis bonis habeant arma bona, et eorum vecturas secundum status suos, ac vestes similes, videlicet quinque centum sub uno centurione, ut mittantur cum bu-

cinis et ornamentis moderatis gaudentes in Terram Sanctam et alias regiones transmarinas cum impensis ad viam sufficientibus, ita quod decedentium bona, quandiu in via vel in expeditione armorum fuerint, totaliter superstitibus applicentur, ut in utilitatem expedicionis convertantur[1]. Sic reges orientales, si pacem habeant per plures annos, citra mare, et in Cipro, et in Terra promissionis magnos thesauros habebunt, ita quod, adveniente neccessitate, nullam penuriam patientur; immo ex omnibus partibus in quibus Templarii bona habebant, fortium pugnatorum succursus cum magna multitudine et armorum copia veniet eisdem. Fiet etiam conventio quod ipsorum reges nunc de novo statuendi se invicem adjuvabunt de certis numeris pugnatorum, suaque navigia sibi invicem communicabunt, et in hiis locis mari proximis, in quibus meliora ligna quasi pro nichilo habentur, galeas et naves fieri procurabunt, per quas ferrum et alias res versus septentrionem habundantes, ac versus meridiem raras et caras, illuc per hujusmodi navigia facient deportari cum armis, que illuc non possent commode et de facili reperiri, et cum aliis rebus ad bene vivendum et pugnandum conferentibus. Illa etiam vasa pugnatores portabunt, et tempore pacis, ne sint ociosi, species aromaticas et res alias nobis utiles reportabunt[2].

7. Si quis autem dicat nimis difficile fore Babilonem et Egiptum impugnare, prudentes et experti respondent quod non, quoniam homines in terra illa nati ad arma sunt inutiles, ita quod reputantur nullius valoris, et per mare, non alias, poterit exercitus de facili intrare : quoniam Egiptus, que durat in longo per viginti dietas, circa Nilum latitudinem habens quatuor leucarum, et in modica parte majorem, undique circumdata est terris desertis inhabitabilibus, que non possent pertransiri, nisi versus Terram promissionis

De l'Égypte.

---

1. Cf. ci-dessus, pp. 15, 92.
2. Cf. ci-dessus, p. 56.

cum magna difficultate et periculo, quia in sex dietis preter aquam non possent ibidem quecumque victualia reperiri; et sic expediret terram intrare per mare cum exercitu sufficienti, applicato primo exercitu majori versus Acon, ut terra Babilonis et Egipti pugnatoribus vacuata cito capi possit; que si capta esset, valeret domino plus quam regnum Francie valere consuevit, quoniam omnes incole terrarum sunt servi, et terra est multum fertilis.

Le roi ne perdra pas de vue son fils pour toujours.

8. Non timeat dominus rex hanc terram invadi facere propter metum non videndi postmodum filium suum predictum, quoniam ipse filius repatriare posset, ducem exercitus ibidem dimittendo; quoniam valde facile esset illam terram servare, maxime Terra promissionis subjugata et catholicis publicata.

Le roi lui-même n'aura pas besoin de bouger.

9. Si autem concordaretur perpetue pacis observatio, ut in dicta epistola cavetur, videtur quod expediret dominum regem, licet esset crucesignatus, in regno suo remanere, et illuc dominum Ludovicum fratrem suum[1] cum magno exercitu loco sui mittere cum suo filio supradicto. Expediret etiam ob multas causas, ut videtur, quod dominus rex, quam primum fieri posset conjugatus[2], procreationi, nutritioni, et doctrine liberorum vacaret, in suo regno propter regendum ipsum remanens[3] ad instar regis terre Tharsis[4], qui nunquam exivit de terra sua, sed exercitus regem constituit, dans ei terras quas ipse posset occupare. Sic dominus rex providere posset de pugnatoribus successive mittendis filio suo fratri-

---

1. Louis d'Evreux, fils de Philippe le Hardi, frère de Philippe le Bel.
2. Philippe le Bel était veuf depuis la mort de Jeanne de Navarre (2 avril 1305).
3. Voyez ci-dessus, pp. 111-2, 114, 128-30. Comparez tout ce § 9 aux § 119 et 140 du *De recuperatione*.
4. *Sic.* Il faut lire sans doute *Tartarorum*; cf. ci-dessus p. 18, n. 1.

que, prout ipsi ducerent requirendum. Plusque prodesse creditur et tutius esset quod sic mitteret dominus rex quam quod iret, propter pericula mortis, morborum, et defectum regiminis sui regni, cui multum neccessarius esset morando. Nam cum, secundum Philosophum, *Prudentia mundi hujus in nobis acquiratur per experienciam agibilium, et experiencia longo indiget tempore,* idcirco periculosum esset regnum Francie et aliud quodcumque regi per juvenem, juxta id quod dicit idem Philosophus, quod *Nemo eligit juvenes duces, eo quod non constat ipsos esse prudentes.* Idcirco parentes qui filios juvenes diligunt niti debent ad vitam propriam prolongandam, ne filios juvenes ad regendum in tali statu, videlicet tam periculoso, dimittant. Expediret quod dominus rex, quam primum vaccare posset, dictam epistolam videret, corrigi, emendari et perfici faceret ac mandaret per aliquem seu aliquos excellentis seu eminentis sciencie theologos, qui ad prelationes non aspirarent; quoniam concupiscencia, prout testatur canon Augustini, pervertit et corrumpit judicium rationis. Per contenta in dicta epistola, si fiant, apparebit liquido premissa cito et de facili fieri posse et durare debere, necnon quod dominus rex sic poterit Terre Sancte providere de facili cum modico sumptu et custu, necnon quod sic facta provisio, favente Domino, perpetuo perdurabit, et ad commode pacificeque vivendum, super omnia que facta et cogitata leguntur ab origine mundi, proficiet omnibus hominibus spiritualiter et temporaliter in futurum, taliter quod ipsius principis tante rei causatoris et promotoris memoria in orationibus fidelium perpetuo perdurabit.

Rappel d'un mémoire précédent de l'auteur sur le même sujet.

10. Apparere liquido potest cuilibet futuros eventus verum probabiles intuenti quod dicta ordinatio bonorum, que data fuerunt Templariis ob causam que non fuit subsecuta, et ob hoc est revocanda donatio, non ut ad prophanos usus revertatur, sed ut convertatur in finem debitum, quacumque dubitatione cessante, proderit prelatis et toti populo

<small>Colonisation et exploitation de l'Égypte par les chrétiens.</small> in recompensationem impensarum quas fecerunt negocium demolitionis ordinis et punitionis personarum prosequendo. Nam subsidium Terre Sancte, testante decimarum examinatione, elemosinarum et crucesignationis solita petitione, munitionem habebit pro stipendiis seu gagiis pugnatorum qui necessarii erunt persolvendis, nec oportebit principes catholicos de locis remotis illuc ire, terrarum suarum regimina dimittendo, vitas suas abreviando, sicut hystorie multociens contigisse testantur. Ex talibus itineribus, que parum profuerunt, quoniam non durarunt partiales conquestus, liquet presertim regno Francie plurima dispendia contigisse. Proderunt etiam aliquando thesauri pro Terra Sancta sic congregati principibus locorum; quia si, subito veniente guerra, tanta egeant pecunia, poterunt eam paratam petere et habere, de reddendo cum petetur caventes, et per missiones pugnatorum exhonerabuntur regiones de juvenibus sine custu suorum proximorum, qui non haberent unde honeste viverent in locis suarum nationum. Per viam predictam totus populus egiptiacus ad fidem catholicam de facili convertetur, ut de servitute in libertatem erigatur. Pharao per providenciam et promissionem Joseph, qui septem annis fertilibus granum collegit, in sequentibus septem sterilibus annis, mediante grano reposito, patres et filios comparavit, et extunc in servitutem redegit. Propter quod populus de omnibus fructibus terre, que multum fertilis est, solum percipit pauperem victum et vestitum. Et idcirco dicunt qui illuc fuerunt quod soldanus, anno quolibet, percipit a populo plus quam sexcies centum milia bisanciorum auri, quolibet valente sex florenos. Et sic, cum Terra promissionis a catholicis possessa et sufficienter gubernata erit, cum hostes aliunde nullo modo possent Egiptum intrare nisi per mare prope Babilonem, videlicet propter fortissimas clausuras deserti, liquet quod, absente domino, terra posset per paucos et cum sumptibus modicis custodiri, et, prout in dicta epistola cavetur, pace firmata inter principes catholicos, promissisque sub bonis cautionibus ab eisdem sibi

invicem subsidiis et succursibus oportunis, non esse[t] qui contra quemquam eorum guerram movere auderet, et si moveret, qui non confunderetur per tot et tantos circumdatus brevi manu. Sic rex Egipti, cum auxilio ordinis regalis et aliorum principum ac multitudinis fortium pugnatorum ad eum confluentium propter lucra captanda, quoniam in terris nationum suarum occiosi, cessantibus ibi guerris, honeste sine penuria vivere non possent, posset cum Dei adjutorio omnes populos orientales et etiam occidentales ultra mare Mediterraneum habitantes sibi subjugare et ad fidem attrahere christianam, plurimum adjuvante provisione scolarium, tacta in epistola supradicta. Quoniam, disponente et causante celestis armonie benivolencia, generati, nati et nutriti in regno Francorum, presertim prope Parisius, in moribus, constancia, fortitudine et pulcritudine, natos in aliis regionibus naturaliter plurimum precellunt, sicut naturaliter probavit experiencia, que est summa rerum magistra, expediret quod predictus filius, naturaliter pre omnibus summe dispositus, tantum in Francia remaneret, quod ibi antequam recederet plures filios dimitteret ibidem nutriendos et erudiendos, et antequam recederent similiter facturos; ut omnes reges Egipti, Acon, et imperatores Constantinopolitani, si heredes imperatoris, ut expediret, sic facerent in Francia generati, nati, nutriti et eruditi, bonitatem domus domini regis Francie, pulcritudinem et fortitudinem incolarum loci perpetuo sortirentur, regnum ejus, summum principem, ac ejus liberos, totumque genus, barones et populum perpetuo diligerent, et toti regno de preciosis rebus orientalibus facerent et curarent, prout esset possibile, provideri. Sic filius supradictus ad dominum patrem suum, cessante quolibet periculo, redire posset, cum ejus filius militans ad ipsum accederet. Sic populus orientalis dominum suum semper videret in flore juventutis et pulcritudinis naturalis, et ipsum videre super omnia desideraret, ipsumque timeret, cum juvenem fulgentem ut virum fortiter obstagiare videret.

De l'excellence du climat de la France, où devront être élevés par la suite les princes latins d'outre-mer.

Manière de régler les difficultés qui pourraient surgir du côté du roi de Chypre.

11. Si aliquis dicit : « Forte rex Cipri premissa facere recusabit », responderi potest quod non est verisimile, quoniam ipse, uxorem et liberos non habens, in domibus suis jamdiu est religiose, et in contemplatione vivere consuevit, et frater suus ab intestato sibi successurus abstulit ab eo et rapuit thesauros per ipsum regem ob recuperationem Terre Sancte congregatos, et ipsum regnum injuste nisus est et nititur invadere et aufferre feloniam committendo, ab ejus successione se indignum faciendo, in mortem ipsius regis pluries machinando, et ad ipsum occidendum mittendo. Super quo expediret ipsum regem Cipri ex parte domini pape et secrete et cito interpellari per aliquem sapientem, cum procuratore quem habet idem rex in curia romana, videlicet Bomondo dicto Bonin, milite. Et ut omnia de consensu fierent, post ingressum religionis et factam donationem, ut briga totaliter tolleretur, expediret fratri dicti regis in Terra promissionis vel alibi dare bonum comitatum, ut taceret. Et si rex Cipri hoc recusaret, dominus rex Sicilie jure suo uti, vel ipsum in alium transferre posset. Et comes de Brainne prosequi posset jus quod habere dicitur in regno Cipri, si adhuc extat, ut fore creditur, hominum memoria de tempore quod idem comes regnum Cypri habuisset, si illuc accedere potuisset. Regi vero Sicilie ultra precium pro regno Jerusalem solutum promitti posset [regnum] Tunicii, Sicilie tam proximum quod de una terrarum alia videtur, videlicet post conquestum regni Jerusalem cum ipsius regis Sicilie auxilio, per regem Jerusalem et alios catholicos, favente Domino, conquestandum.

TABLE DES NOMS PROPRES

[Les chiffres renvoient aux pages].

Acon (civitas et regnum), 14, 17, 132, 133, 134, 136, 139.
Agag, 9.
Alba, filia sancti Ludovici, 87 n., 106.
Albertus (frater), 60.
Alemanni, 3, 19, 73.
Alemannia, 13 n., 18 n.
Alemannie rex, regnum et imperium, 12, 89, 90, 98, 103, 104, 105 n.
Alexander magnus, VII n., 18, 54, 87 n.
Anglie rex et regnum, XXIV n., 19, 22, 81, 97, 99 n., 106, 127, 130.
Angli, Anglici, 40, 73.
Apuli, 19, 105.
Arabes, 39, 47, 89.
Aragonie rex et regnum, VII n., 87, 99 n., 106.
Arelatense regnum, 104 n.
Aristoteles, voir Philosophus.
Asirii, 19, 54 n., 58, 131, 132.
Augi (comes), 132.
Augustinus (sanctus), 40, 41 n., 102, 137.
Aurea legenda sanctorum, 59, 64.
Averroes, 27, 30.

Babilonis regnum, 54 n., 131, 132, 133, 134, 135, 136, 138.
Bacon, voir Rogerus.
Benedicti (ordo Sancti), 24, 82.
Biterensis (episcopus), 101.
Boetius, 36, 53, 112.
Bomondus dictus Bonin, 140.
Brainne (comes de), 140.
Burgundia, 8, 25.

Calabrini, 19, 106.
Campani, 105.
Castelle rex et regnum, 86, 87, 88, 90, 106.
Catho, 58, 59.
Chinon, XII n., 133.
Ciprum, voir Cyprum.

Clemens (papa quintus), 32, 49.
Coloniensis archiepiscopus, 29.
Constantinus, 39 n.
Constantinopolis (imperium et civitas), 90, 103, 130, 139.
Cypri (rex et regnum), 13, 19 n., 133, 135, 140.
Cysterciensis (ordo), 14.

David, 9, 112.
Doctrinale, 60.
Donatus, 58.

Egypti regnum, 131, 132, 134, 135, 136, 138, 139.
Eraclitus, 6, 22, 117.
Eudoardus, 1.
Federicus imperator, 18 n., 19, 88.
Federicus de Aragonia, 88, 103.
Fernandus de Hyspania, 98, 106.
Francie rex et regnum, 8, 22, 43, 81, 98, 99, 104, 106, 113, 120 n., 124 n., 126 n., 128, 129 n., 131, 133, 137, 138, 139.

Galenus, 80.
Gallici, 73, 99, 108, 129 n.
Godefridus de Bullon, 88.
Gradale, 59.
Greci, 19, 47 n., 52, 54 n., 58, 89, 103, 107.
Grecismus, 60.
Guernadio regnum, 87, 106.
Guerpharum pars, 111.
Guibelini, 111.

Henricus de Rie, vicecomes de Cadomo, VIII n.
Hermannus Alemannus, 61.
Hermenia, 19.
Hippocrates, voir Ypocrates.
Hospitalarii, 13, 14, 49, 84, 91, 103, 133.

Huguoio, 5 n., 72, 102.
Hyspani, 3, 73, 92, 106.
Hyspania, 19, 87.

Indi, 54 n., 58.
Jannensis civitas, 10, 104, 105.
Jerusalem (civitas et regnum), 9, 17, 20, 47, 103, 109, 132. 133, 134, 140.
Jo[h]annes de Foresta, 107–8.
Josephus, 9.
Julia majestatis lex, 111.
Justinianus imperator, 109, 122.

Karolus Magnus, 5, 18, 87 n., 88, 106, 130.
Karolus [Valensis], 89, 103, 108.

Latini, 68, 108.
Lazari (ordo Sancti), 84.
Lingadoc, 87.
Lombardi, Lombardia, 10, 19, 98, 104, 105, 110.
Lotharingie dux, 9 n.
Ludovicus (Sanctus), 87, 106, 128.
Ludovicus, frater regis, 136.

Machabei, 20, 93.
Majoricarum rex, 87, 106.
Maria (domicella de Jerusalem), 133.
Mediterraneum (mare), 13, 89, 107, 139.
Minores (fratres), 51 n., 74 n., 84, 92, 98.
Moyses, 24, 32, 49.

Navarre (regni redditus), 43 ; (rex) 87, 88 n.
Nilus, 135.
Normannie ducatus, VIII n., 120.

Ovidius, 73.

Parisius, 47 n., 101, 128, 139.
Patres (sancti), 20, 27, 29, 31, 39, 41 n., 46, 49, 51 n., 85, 97, 100.
Paulus (beatus), 109.
Peryalogus, 19, 89, 90.
Petrus, pr. ceps Apostolorum, 55, 89, 93, 101.
Philippus, secundogenitus regis Francie, 131.
Philosophus, VII n., 2, 4, 5, 6, 20, 21, 22, 27, 36, 37, 38, 53, 57, 60, 62, 67, 68, 70, 71, 72, 73, 78, 79, 85, 94, 95,

96, 97, 98, 101, 102, 112, 113, 117, 121, 122, 124, 126, 137.
Plato, 48, 64.
Portugalie regnum, 87.
Predicatores (fratres), 32 n., 51 n., 74 n., 83, 84, 92, 98.
Priscianus, 96.
Provincie comitatus, 104.
Pysana civitas, 10.

Rainfredus, 77.
Rinus Coloniensis, 104 n.
Rogerus Bacon, 65, 68 n.
Romani, 51, 54 n., 58, 98, 100, 101, 102, 105.

Salahadinus, 19.
Salomon, 5, 20, 21, 32, 52, 53, 113, 127.
Saraceni, 2, 6, 57, 69 n., 87, 106.
Sardanie regnum, 88, 103.
Saül, 9, 101, 131.
Saveie comitatus, 104, 105.
Segerus de Brabancia, 61, 121.
Sicilie rex et regnum, 33 n., 88, 98, 99 n., 103, 105 n., 107, 133, 140.
Siculi, 19, 106.
Socrates, 38.

Tartari, 3, 18 n.
Templarii, 13, 14, 49[1], 84, 91, 103, 133, 134, 137.
Tharsis (rex terre), 136.
Theodolus, 59.
Tholosa, 97, 107.
Thomas de Aquino, 53, 61.
Tobias, 59.
Tunicii (regnum), 140.
Tusci, Tuscani, 19, 105.
Tuscia, 10, 33 n., 99 n.

Ungari, 19.

Venetensis (civitas), 10[2], 104, 105.

Ypocrates, 80.

---

1. Suppléez, p. 49, l'*u* accidentellement tombé du mot *Templariorum*.
2. Corrigez, p. 10, *Venecensis* en *Venetensis*.

TABLE DES MATIÈRES

Abrègement des procès, 73, 74.
Affaires de Castille, 86, 87, 106.
— *d'Égypte*, 135, 138.
— *de l'empire grec*, 89, 103, 107.
— *de Sicile*, 88, 103.
Armée (organisation de l'armée d'invasion et d'occupation), 15, 16, 88.
Arrière-ban, 115, 118.
Arts mécaniques (enseignement des), 68.
Astres (influence des — et des milieux), 6, 67, 129, 139.

Ban, 115.

Cardinaux, 26, 27, 34, 102.
Célibat ecclésiastique, 51, 85.
Chrétiens d'Orient, 51, 52.
Clergé inférieur, 28.
Clergé régulier (emploi à faire des biens du), 43, 45, 46.
Concile général, 2, 7, 13, 62, 86, 90, 91, 97, 132, 134.

Domination universelle (impossibilité de la —, au temporel), 54.
Droit civil et canonique (enseignement théorique et pratique du), 63, 72, 73.

Écoles de langues (création d'), 49, 50; (cours d'études dans ces écoles), 50, 52, 58, 59, 60, 61, 62.
Émigration (encouragements à), 92.
Empire (inconvénients du régime électif dans l'), 12, 103, 104.
Épices d'Orient, 56, 135.
Excommunication, 8.
Exercices du corps dans les écoles, 68.

Jeunes filles (enseignement des), 51, 62, 70, 71.

Langues étrangères (utilité de la connaissance des), 47, 48, 49, 54, 68, 108, 109.
Livres de référence, 62.

Lois (nécessité de changer les — vieilles), 39, 40, 41, 42.

Manuels et abrégés pour l'enseignement, 60, 61, 63.
Mariages mixtes entre jeunes filles chrétiennes et Orientaux, 51, 52, 57, 71.
Mathématiques, 65; (appliquées), 68.
Médecine et chirurgie, 17, 50, 51, 55, 62.
Monastères bénédictins (abus dans les), 24; (de femmes), 82, 83.
Monnaies (altération des), 123, 124.

Ordres religieux de Terre Sainte (union, réforme et emploi des biens des), 13, 14, 133, 134.
Ordres mendiants (réforme des), 85, 86.

Paix universelle entre chrétiens (moyens de l'établir), 3, 4, 7, 11, 20, 21, 58, 81, 82, 94, 96, 97, 110; (châtiments à infliger aux perturbateurs), 7, 10, 11, 17, 57, 96.
Pape doit réformer l'Église, 32; établir la concorde entre les chrétiens, 81, 94, 95; encourager les écoles de langues, 48.
Papauté doit être enlevée aux Romains et mise sous la main du roi de France, 99, 101.
Patrimoine de Saint Pierre (suppression du), 25, 33; (avantages de la suppression du), 98, 105, 106, 110.
Pentharcos, 47.
Pharmacie, 71.
Prélats (conduite mondaine des), 22, 29, 30; (trop instruits en droit civil), 22, 23, 64, 65; (suppression de leur temporel) 35, 38, 41, 44.

Prélèvements pour la Terre Sainte, 35.
Prieurés non conventuels, 24, 25, 44, 45, 46.

Prières (nécessité des — pour le succès des expéditions en Terre Sainte), 6, 7, 56, 91, 121.)

Procédure nouvelle, 74, 75, 76, 77, 78; (avantages de la — écrite), 80.

Provisio (avantages commerciaux de la — recommandée par Pierre Dubois), 53, 56, 70, 89; (autres avantages), 77.

Ravitaillement des Croisés, 14.

Réformes (légitimité des), 39, 41, 42, 66, 121.

Répétiteurs indigènes, 68.

Réquisitions abusives des biens d'église pour les besoins militaires du royaume, 116, 120, 121.

Restitutions à effectuer avant le passage général, 126, 127.

Roi de France (ne doit pas s'exposer en personne), 109, 111, 112, 114, 128, 129, 130, 136-7.

Service militaire (réforme du), 114 et suiv.

Simonie en cour romaine, 25, 26, 34, 99.

Tactique (à employer contre les rebelles), 8; (des Tartares), 18.

Terre Sainte (colonisation de la), 7; (défense des frontières de la), 10, 17, 92; (organisation politique de la), 17, 92, 93; (organisation militaire de la, — et défense des frontières), 10, 17, 92, 134-5; (institutions hospitalières à créer en), 16, 46, 47; (trésor de la — à établir près de chaque église cathédrale), 91.

ERRATA

P. 12, l. 26 et l. 30, au lieu de *victando* et *victandum*, lire vittando, vittandum.

P. 21, l. 16, au lieu de *victare*, lire vittare.

P. 53, alinéa 2, l. 1 et 2. Remplacer la ponctuation défectueuse du texte par celle-ci : Responderi potest, sicut respondet Philosophus de causa situationis quatuor elementorum, quod : *etc.*

P. 57, § 70, l. 8, au lieu de *qui acum*, lire quia cum.

Chartres. — Imprimerie DURAND, rue Fulbert.

**CETTE MICROFICHE A ETE
REALISEE PAR LA SOCIETE**

M S B

1992

Lightning Source UK Ltd.
Milton Keynes UK
UKHW020707221020
372035UK00003B/149